中国出版集团

现代出版社

图书在版编目（CIP）数据

沈阳故宫博物院院刊．第 20 辑 / 白文煜主编．-- 北京：现代出版社，2018.7
ISBN 978-7-5143-7186-4

Ⅰ．①沈… Ⅱ．①白… Ⅲ．①故宫博物院－沈阳－丛刊 Ⅳ．①G269.263-55

中国版本图书馆 CIP 数据核字（2018）第 139255 号

沈阳故宫博物院院刊

主　　编	白文煜
责任编辑	杨学庆
出版发行	现代出版社
地　　址	北京市安定门外安华里 504 号
邮政编码	100011
电　　话	010-64267325　010-64245264（兼传真）
网　　址	www.1980xd.com
电子信箱	xiandai@vip.sina.com
印　　刷	三河市南阳印刷有限公司
开　　本	889×1194　1 / 16
印　　张	9.5
版　　次	2018 年 8 月第 1 版　2018 年 8 月第 1 次印刷
书　　号	ISBN 978-7-5143-7186-4
定　　价	35.00 元

编辑委员会

特别声明

目录

沈阳故宫博物院院刊　2018—20

满风清韵

典藏拾珍

文博撷英

‖内容提要‖

明朝后期，漠南蒙古喀尔喀五部逐渐强大，因其所处的地理位置十分特殊受到努尔哈赤的重视，努尔哈赤第一次把后金汗王女儿嫁给喀尔喀五部中的巴岳特部贝勒恩格德尔。恩格德尔额驸带领巴岳特部众投奔后金，使后金得以扩充兵源，增加人口，密切满蒙关系。特别是在喀尔喀五部最强大的翁吉喇特部首领宰赛被后金俘获时，恩格德尔成为喀尔喀五部的使者，在他的斡旋下，漠南蒙古喀尔喀五部与后金的关系缓和。喀尔喀五部与后金关系的缓和成为后金军事的转折点，此后，喀尔喀五部对后金再也构不成威胁，对后金夺取广宁、收复辽南，分解察哈尔林丹汗的力量，扫除明朝北方的屏障有战略上的重要意义。

‖关键词‖

喀尔喀五部　恩格德尔　宰赛

恩格德尔额驸对后金的影响
——兼谈喀尔喀五部与后金的关系

李兴华

沈阳故宫博物院，研究馆员。

漠南蒙古喀尔喀五部因所处地理位置十分特殊，受到努尔哈赤的重视。努尔哈赤很早就与喀尔喀五部建立了友好关系，第一次把后金汗王女儿嫁于蒙古，即喀尔喀五部中的巴岳特部贝勒恩格德尔。恩格德尔成为后金第一个蒙古额驸，并成为后金与喀尔喀五部之间的使者，努尔哈赤给予恩格德尔额驸很高的地位和待遇。在恩格德尔的影响下，喀尔喀五部与后金盟誓，巴岳特部等喀尔喀五部蒙古人归服后金，客观上对后金的政治、军事产生重大影响，改变了后金历史局面，恩格德尔额驸因此成为后金有功之臣。

一　后金与喀尔喀五部的关系

明朝后期，达延汗（明中期退踞蒙古高原的蒙古可汗）之孙虎喇哈赤五子分别掌管漠南蒙古喀尔喀五部的扎鲁特部、巴林部、翁吉喇特部、巴岳特部、乌齐叶特部，共同隶属林丹汗察哈尔部。《辽夷略》载，巴岳特、扎鲁特、翁吉喇特为北方三部，驻牧于辽东镇的沈阳、铁岭、开原一带，巴林与乌齐叶特部驻牧于广宁卫边外。喀尔喀五部活跃在老哈河以东、辽河以西、西拉木伦河流域及其以北的广阔草原地带，西连察哈尔，东接海西女真叶赫部，南与明朝重镇广宁（现北镇）相邻，北接蒙古科尔沁部。明朝后期，喀尔喀五部势力强大，是明朝、建州女真争取联盟的对象。

建州女真崛起引起周边蒙古、海西女真诸部不安，明万历二十一年（1593），蒙古、海西女真共九部联军，于古勒山围攻建州女真，以失败告终，从此建州威名大震，蒙古、海西女真诸部尤其是喀尔喀五部纷纷与建州女真建立友好关系。甲午年（1594），"蒙古廓尔沁部明安贝勒、胯尔胯（喀尔喀）部捞扎贝勒始遣使往来。于是蒙古各部长遣使不绝"[①]。

后金建国之前，建州女真多次与喀尔喀五部联合攻击明朝，如万历三十七年（1609），建州"又勾西虏宰赛，煖兔等窥开原、辽阳，边吏告急。（明）御史请急抚北关，收宰、煖（煖兔，宰赛的叔叔，翁吉叶特部贝勒）以折其谋"[②]，历史上，建州女真（东夷）与喀尔喀五部（西虏）多次联合，使明朝深受其害。为扼制建州，防止东夷与西虏联合，明朝在经济和军事上扶植叶赫（即北关，地处夷、虏之间）。

后金建国后，尽管努尔哈赤与蒙古喀尔喀五部有姻亲关系，如万历四十二年（1614），扎鲁特部三名女子嫁与努尔哈赤三个儿子，天命二年（1617），努尔哈赤将侄女嫁给巴岳特部贝勒恩格德尔[③]，但因海西女真衰落，明朝改"以夷制虏"为"以虏制夷"政策，用市赏拉拢蒙古察哈尔（其中包括喀尔喀五部），"四十六年（1618），我大清兵起，略抚顺及开原，插部（察哈尔）乘隙拥众挟赏"[④]。喀尔喀五部与后金关系发生改变，史料记载"二十四营惟宰赛最强，宰款则诸营不敢动，宰动则诸营不敢款"[⑤]，翁吉喇特部宰赛操控五部，且恃其兵多强盛，与明朝立誓"赐我重赏，夫倘不征伐满洲，上天鉴之。遂斩断活白牛之腰，于马上以手对天洒祭牛血"[⑥]，共同敌对后金，以期多索赏赐。

天命四年（1619）七月，后金夺取铁岭时，宰赛率部配合明朝偷袭后金失败，宰赛及其二

① 潘喆、李鸿彬、孙方明：《清太祖武皇帝实录》《清入关前史料选辑》第一辑，第317页，中国人民大学出版社，1984年。

② 潘喆、李鸿彬、孙方明：《建州私志》《清入关前史料选辑》第一辑，第267页，中国人民大学出版社，1984年。

③ 潘喆、李鸿彬、孙方明：《清太祖武皇帝实录》《清入关前史料选辑》第一辑，第337页，中国人民大学出版社，1984年。

④ （清）张廷玉：《明史》二八，第8492页，中华书局，1974年。

⑤ 潘喆、李鸿彬、孙方明：《建州考》《清入关前史料选辑》第一辑，第133~134页，中国人民大学出版社，1984年。

⑥ 中国第一历史档案馆、中国社会科学院历史研究所译注：《满文老档》第104页，中华书局，1990年。

子色特希、克实克图，扎鲁特部的巴克台吉、色木兄弟等贝勒被努尔哈赤活捉。擒贼擒王，俘获宰赛是努尔哈赤的重大收获，"翼日，大宴奏乐，令宰赛等匍匐谒上"[①]。努尔哈赤以宰赛为人质，要求蒙古喀尔喀五部与后金联盟，共同敌对明朝，释放喀尔喀五部被俘的大臣、贝勒十余人及兵一百五十余人回去草原报信。于是，恩格德尔额驸作为代表喀尔喀五部的使者之一来到后金，五部使者以与后金共同征讨明朝至山海关为条件请求释放宰赛，而努尔哈赤"俟与五部落喀尔喀贝勒同征明得广宁之后，再酌之可也"。[②] 为了确保喀尔喀五部守约，后金将宰赛的两个儿子轮流替换作人质，让一个儿子留在宰赛身边，另一个儿子回去看管蒙古家中的财产。双方达成协议，十二月二十三日，后金五位大臣代表努尔哈赤及诸贝勒与喀尔喀部二十七贝勒在孤树的冈干塞忒黑处，刑白马乌牛，对天地焚书盟誓，建立反对明朝军事同盟[③]。

宰赛被囚禁于后金，群龙无首，喀尔喀五部背盟，都棱洪巴图鲁贝勒管控不住喀尔喀五部，天命五年（1620）六月，他转告后金："我的儿子们、孙子们变心了。"[④] 扎鲁特的钟嫩、昂阿、珠彻特扣肯三贝勒之兵多次劫拦后金去喀尔喀五部的使者，谋财害命；天命六年（1621）三月十九日，"喀尔喀的卓礼克图贝勒的国人，达尔汉巴图鲁的国人，巴哈达尔汉的国人，巴林的实尔呼纳克的国人，听说（后金）夺取了沈阳城，想要夺取财物、粮食、各种器具，有两三千人带着马、骆驼、牛车来了"[⑤]，被后金驱散；喀尔喀五部与明朝和好，"从尼堪那里接受赏赐"[⑥]，民间自由往来，而与后金关系紧张，后金告诫国民："在看见蒙古人沿境行走时，不要任意侵犯，入境又出去的不要追。"[⑦] 将费阿拉、额和山谷、毕颜、喀尔喀的鄂佛罗以东的庄稼，都由蒙古收割等[⑧]；宰赛被囚之时，察哈尔曾警告努尔哈赤："你不能征伐我取贡赋的广宁地方。如果你征伐，我将阻止。"[⑨] 虽然后金已攻下沈阳、辽东城，但辽东汉人反抗，朝鲜与毛文龙在镇江不断从海上袭击后金，使后金腹背受敌。努尔哈赤给恩格德尔的信中写道："我们两国将发生大战，破坏友好相处的大道，有什么好处？"[⑩] 这说明后金不想与喀尔喀弄得关系紧张、敌对。

至天命六年（1621）八月初一，喀尔喀派来使者，"喀尔喀部落以畜产一万赎贝勒介赛

---

① 《清实录》（太祖朝）第 88 页，中华书局，1986 年。

② 《清实录》（太祖朝）第 94 页，中华书局，1986 年。

③ 《重译〈满文老档〉》（太祖朝）第一分册，第 94 页，辽宁大学历史系，1978 年。

④ 《重译〈满文老档〉》（太祖朝）第一分册，第 109 页，辽宁大学历史系，1978 年。

⑤ 《重译〈满文老档〉》（太祖朝）第二分册，第 15 页，辽宁大学历史系，1979 年。

⑥ 《重译〈满文老档〉》（太祖朝）第二分册，第 15 页，辽宁大学历史系，1979 年。

⑦ 《重译〈满文老档〉》（太祖朝）第二分册，第 25 页，辽宁大学历史系，1979 年。

⑧ 《重译〈满文老档〉》（太祖朝）第二分册，第 40 页，辽宁大学历史系，1979 年。

⑨ 《重译〈满文老档〉》（太祖朝）第一分册，第 97 页，辽宁大学历史系，1978 年。

⑩ 《重译〈满文老档〉》（太祖朝）第二分册，第 16 页，辽宁大学历史系，1979 年。

（宰赛），送其二子一女为质""乃以所质女与大贝勒代善为妃"①，喀尔喀五部以宰赛的子女为人质及万头牲畜，要赎回宰赛，宰赛立誓：忠于后金，永不变心。于是，努尔哈赤没等攻下广宁（天命七年三月攻下广宁），就赏赐宰赛一身贵重的行头②，设宴送行十里，将宰赛放回草原。宰赛也没有辜负努尔哈赤，天命六年（1621）十一月，宰赛给后金报信："察哈尔出兵援助尼堪抢夺。"③宰赛与后金关系有了极大转折。后金又将一百辆车装满一百斛米及三辆车装满汗、八贝勒赠送的柜、食品等物，送给宰赛④，天命七年（1622）二月，"把广宁的粮食四百斛给宰赛的使者"⑤。努尔哈赤"恩威并举"，驯服了喀尔喀五部中最强大的翁吉喇特部。宰赛反复无常，后来又追随林丹汗，其部民一部分逃往科尔沁，从天命末期始，喀尔喀五部对后金不再构成威胁。巴岳特部后叙，其余三部命运如下：

扎鲁特部：天命八年（1623）正月，努尔哈赤将与宰赛一起被俘的扎鲁特部人质巴克台吉的儿子释放。四月，以昂安劫杀后金使者为由，努尔哈赤派兵三千征讨喀尔喀五部地区，斩杀扎鲁特部昂安父子，执钟嫩子桑土之妻而归。天命八年（1623），后金与喀尔喀五部又申明盟誓："察哈尔，我仇也；科尔沁，我戚也。尔慎无与察哈尔通好。"⑥而察哈尔与喀尔喀五部中的部分部落仍多次侵掠科尔沁⑦，天命十一年（1626）六月，后金与科尔沁盟誓，共同敌对察哈尔、喀尔喀⑧，十月，皇太极登基后，派代善等贝勒征讨扎鲁特，巴克及其二子等十四个贝勒被擒获⑨。天聪元年（1627）正月，察哈尔攻击扎鲁特，"服从者养之，拒敌者被杀"，扎鲁特余部奔往科尔沁⑩，后归顺后金。

巴林部：天命十一年（1626）四月，努尔哈赤兵分八路并驰，出征西拉木轮地，斩杀囊奴克（巴林部），后金大胜，不久，巴林部落贝勒古尔布什所属百户来归⑪，十月，代善大军征讨扎鲁特时，先入巴林，驱逐哨卒，火烧燎原，巴林部受到严重的打击。天聪二年（1628），巴林部遭到林丹汗的进攻后，塞色尔、塞冷等率部投奔后金⑫。

① 《清实录》（太祖朝）第 113 页，中华书局，1986 年。
② 《重译〈满文老档〉》（太祖朝）第二分册，第 47 页，辽宁大学历史系，1979 年。
③ 《重译〈满文老档〉》（太祖朝）第二分册，第 73 页，辽宁大学历史系，1979 年。
④ 《重译〈满文老档〉》（太祖朝）第二分册，第 70 页，辽宁大学历史系，1979 年。
⑤ 《重译〈满文老档〉》（太祖朝）第二分册，第 122 页，辽宁大学历史系，1979 年。
⑥ 《清实录》（太宗朝）第 27 页，中华书局影印，1985 年。
⑦ 《重译〈满文老档〉》（太祖朝）第三分册，第 99 页，辽宁大学历史系，1979 年。
⑧ 《清实录》（太祖朝）第 137~138 页，中华书局影印，1986 年。
⑨ 《清实录》（太宗朝）第 27、28 页，中华书局影印，1985 年。
⑩ 《清实录》（太宗朝）第 32 页，中华书局影印，1985 年。
⑪ 《清实录》（太祖朝）第 135~136 页，中华书局影印，1986 年。
⑫ 《清实录》（太宗朝）第 59 页，中华书局影印，1985 年。

乌齐叶特：虽然喀尔喀五部诸贝勒是亲属关系，但他们之间暗地里与明、后金联系。宰赛被囚之后，明朝重金收买炒花（部首领）以抵御后金，"未几，大清兵袭破炒花，所部皆散亡，半归于插汉（察哈尔）"，[①]后被清征服。

天聪六年（1632）四月，皇太极会集归顺后金的蒙古诸部出兵讨伐察哈尔，林丹汗得知消息后率部弃土西逃[②]。天聪八年（1634）五月十一日，皇太极征明大同、宣府等地，致书察哈尔部遗众曰："察哈尔西迁时所遗部众，俱住明边外，尔等与其住彼，不如归我。"[③]六月，林丹汗死于青海大草原，其妻、子率属民（其中包括喀尔喀五部余部）彻底归顺后金。

从天命八年（1623）至天聪八年（1634），后金对喀尔喀五部及察哈尔进行几次大规模军事征讨的，同时宣谕法律政策，天聪三年（1629）正月，"颁敕谕于科尔沁、敖汉、奈曼、喀尔喀、喀喇沁五部，令悉遵我朝制度"。[④]同年三月，"遣国舅阿什达尔汉同尼堪等赍敕谕归顺各部蒙古诸贝勒，申定军令：我兵若征察哈尔，凡管旗事务诸贝勒年七十以下，十三以上俱从征……"[⑤]等，天聪、崇德年间多次在归附满洲的漠南蒙古驻牧地区颁布敕谕，强调漠南蒙古必须承担的义务和应遵守的法令，对漠南蒙古进行了有效的管理。

二 恩格德尔对后金的功绩

恩格德尔父号达尔汉巴图鲁，为巴岳特部贝勒，博尔济吉特氏，驻牧西拉木伦。甲午年（1594），捞扎贝勒派遣使者前往建州女真建立联系，万历三十三年（1605），"蒙古胯尔胯把岳卫打儿汉贝勒之子恩格得力台吉进马二十匹来谒"。第二年，"恩格得力又引蒙古胯尔胯五部卫之使，进驼马来谒，尊太祖为昆都仑汗，从此蒙古相往不绝"。[⑥]此时，恩格德尔已是五部使者头领，但努尔哈赤对喀尔喀五部并不看重，他认为"越国而来者，不过有所希图而已"。[⑦]

后金建国后，所面临的主要敌对势力有明朝、朝鲜、蒙古。明朝以重赏拉笼蒙古，努尔哈赤要突破困局，遂开始重视与喀尔喀五部之间的关系，天命二年（1617）二月，将胞弟舒尔哈

---

① （清）张廷玉等撰：《明史》第8492页，中华书局，1974年。
② 《清实录》（太宗朝）第157页，中华书局影印，1985年。
③ 中国第一历史档案馆：《清初内国史院满文档案译编》（上）第81页，光明日报出版社，1989年。
④ 《清实录》（太宗朝）第67页，中华书局影印，1985年。
⑤ 《清实录》（太宗朝）第70页，中华书局影印，1985年。
⑥ 潘喆、李鸿彬、孙方明：《清太祖武皇帝实录》《清入关前史料选辑》第一辑，第323页，中国人民大学出版社，1984年。
⑦ 潘喆、李鸿彬、孙方明：《清太祖武皇帝实录》《清入关前史料选辑》第一辑，第323页，中国人民大学出版社，1984年。

齐之女嫁给巴岳特贝勒恩格德尔台吉，以联姻加强后金与喀尔喀五部的关系，恩格德尔成为后金第一位蒙古额驸。自此，恩格德尔额驸每年率部朝贺新春。

天命四年（1619）七月，宰赛偷袭铁岭被后金活捉之时，察哈尔林丹汗派使者警告后金，"今年夏，我已亲往明之广宁，招抚其城，收其贡赋"①，虽然喀尔喀五部隶属察哈尔，林丹汗只重视自己的利益，对宰赛被囚并不关心。喀尔喀五部为了保住宰赛的命只能亲近后金，恩格德尔是后金的额驸，于是，他成为后金与喀尔喀五部之间的桥梁。恩格德尔额驸以"蒙古国五部的喀尔喀诸贝勒使者"之身份来到后金，住在努尔哈赤在界藩城的家里②，恩格德尔向努尔哈赤诚恳表示，"若论宰赛本身过错，汗就将他杀了……只听汗的意见"③，在恩格德尔等使者的斡旋下，后金以宰赛为人质，承诺"以待攻取广宁城，即遣还斋赛"④，十二月，后金与喀尔喀五部建立征伐明朝的攻守盟誓。

宰赛被囚期间，喀尔喀五部背盟，都凌洪巴图鲁不能管控五部诸贝勒，喀尔喀五部成为后金不安宁的因素，天命六年（1621）三月，努尔哈赤致信恩格德尔额驸⑤，转达喀尔喀五部管理好各自的国人，天命六年（1621）八月，努尔哈赤没等攻下广宁就提前将宰赛释放。

关于提前释放宰赛之事，几条史料记载有关恩格德尔之事：四月十五日，"恩格德尔额驸的使者爱泰来到阿敏贝勒那里"⑥。八月初一，宰赛子女及一万关畜产来后金赎宰赛。初九，"宰赛杀一白马，我们杀一白马，（汗）率领四贝勒、阿敏贝勒，在初九寅日酉刻立誓"⑦。其间于五月，恩格德尔弟莽郭勒台吉与偕妻子逃来⑧。由此可知：第一，恩格德尔额驸与后金关系密切；第二，爱泰到后金时去阿敏贝勒家，努尔哈赤与宰赛盟誓时只有汗率四贝勒和阿敏贝勒，可以推断，恩格德尔额驸通过爱泰、阿敏贝勒为提前释放宰赛做了很多工作。

天命九年（1624）正月，恩格德尔额驸及格格率部众、带着畜群来到辽阳，定居后金。

恩格德尔额驸忠于后金，不仅是喀尔喀五部与后金之间的使者，也是骁勇善战的将领，天命三年（1618），恩格德尔额驸跟随努尔哈赤征抚顺，天聪三年（1629），率军往征察哈尔，收复两千户而归；天聪四年（1630），后金攻克永平时，恩格德尔额驸机智击败明朝三千骑兵。天聪五年（1631），围攻大凌河战役中，因明兵炮火密集，恩格德尔进军缓慢，吏部审议当夺

① 《清实录》（太祖朝）第 92 页，中华书局，1986 年。
② 《重译〈满文老档〉》（太祖朝）第一分册，第 88 页，辽宁大学历史系，1978 年。
③ 潘喆、李鸿彬、孙方明：《清太祖武皇帝实录》《清入关前史料选辑》第一辑，第 89 页，中国人民大学出版社，1984 年。
④ 中国第一历史档案馆、中国社会科学院历史研究所译注：《满文老档》第 147 页，中华书局，1990 年。
⑤ 《重译〈满文老档〉》（太祖朝）第二分册，第 16 页，辽宁大学历史系，1979 年。
⑥ 《重译〈满文老档〉》（太祖朝）第二分册，第 24 页，辽宁大学历史系，1979 年。
⑦ 《重译〈满文老档〉》（太祖朝）第二分册，第 46 页，辽宁大学历史系，1979 年。
⑧ 《重译〈满文老档〉》（太祖朝）第二分册，第 28 页，辽宁大学历史系，1979 年。

世职，皇太极网开一面，只罚鞍马一，白银百两。

三 努尔哈赤厚待恩格德尔额驸

恩格德尔是努尔哈赤把汗王女儿嫁到蒙古的第一个额驸，天命三年（1618），后金征讨抚顺时，努尔哈赤给恩格德尔讲前金汗史，由此可知两人之间十分亲密。此后，努尔哈赤给第一额附很高的地位和赏赐，天命六年（1621）十二月，"给恩格德尔额驸和莽果尔台吉（即莽郭勒，恩格德尔弟）黄伞各一顶"①。恩格德尔额驸不仅每年正月来后金朝贺，日常往来也十分频繁，每次送额驸回故地时，努尔哈赤都设宴远送，赏赐厚礼，如天命七年（1622）正月初八，"把平虏堡的男子四百三十人，给蒙古的恩格德尔额驸。挑选懂汉语，心地正直，没犯过罪的谨慎的人十家居住""在一年征收银一百两，粮食一百斛为贡赋（给额驸）""如果驸马、格格出门，要吹喇叭、唢呐欢送出境，如果回来，出境欢迎"。②特别是天命七年（1622）四月初六，送额驸、格格回牧地时，"汗、诸福晋、诸贝勒送到离城十里处，杀牛二头，羊二只，摆了二十桌设宴。（那时格格）请求外祖父给格格的子命名。汗给命名为额尔克代青，赐给红沙马，并佩有雕鞍、辔。汗还给格格、额驸骆驼四头，四个贝勒给了四头骆驼，运送各种食物。宴会结束，汗亲自执马的偏僵，送到三里远的地方告别了。莽古尔泰贝勒、阿巴泰贝勒、硕托阿哥送到二十五里处才回来。巴笃礼、阿巴泰纳克出率领百余人，送出境回来了，另四人一直送夫妻到达原地"。③可见努尔哈赤对额驸及格格舐犊情深。

天命八年（1623）二月，努尔哈赤希望恩格德尔能来后金居住，在政治、经济上许诺诸多优厚条件④。七月初三，恩格德尔来到后金，表示到后金居住，并立誓永不背叛父汗（努尔哈赤），努尔哈赤令儿子们为恩格德尔额驸立誓："蒙古的诸贝勒犯各种死罪，也不处死""共议公正地友好相处"，努尔哈赤承诺："归顺后金的蒙古诸贝勒犯什么罪，与八贝勒同样看待，即使独（犯）了死罪，也不处死，送回故地。"⑤皇家女儿日常不免强势霸道，为使额驸更安心归顺后金，天命八年七月初四，在恩格德尔额驸到后金的第二天，努尔哈赤说，喀尔喀诸贝勒生活随意，娶汗王女儿不是来受制于她们的，"你们蒙古的察哈尔、喀尔喀的诸贝勒把女儿们嫁给好的僚友、大人们而使夫受苦，国人受苦累。如果我们的女儿们那样使夫受苦、怨恨，你们

① 《重译〈满文老档〉》（太祖朝）第二分册，第79页，辽宁大学历史系，1979年。
② 《重译〈满文老档〉》（太祖朝）第二分册，第93页，辽宁大学历史系，1979年。
③ 《重译〈满文老档〉》（太祖朝）第二分册，第146~147页，辽宁大学历史系，1979年。
④ 《重译〈满文老档〉》（太祖朝）第三分册，第3~4页，辽宁大学历史系，1979年。
⑤ 《重译〈满文老档〉》（太祖朝）第三分册，第82~83页，辽宁大学历史系，1979年。

（额驸）把苦处告诉我们，该杀则杀。如不至于死，则与她离婚，另娶别的女儿们""还有你们有何困苦之处，不要隐瞒，把想的事告诉我们。"①要求皇家女人善待额驸。

天命八年（1623）九月十二日，努尔哈赤唯一的同父同母胞妹沾河公主去世，"到中年后，（沾河公主）说夫不好，想要离婚，汗念最初交情没有准许离婚"，生前与夫别居十五年，"作为兄的汗，多次对妹发怒，对妹夫仍然爱护"。②沾河公主去世，努尔哈赤恸哭不止。此前，努尔哈赤在八角殿前集合沾河公主、众女儿说："你们使夫痛苦，恶乱为生比鬼魅还坏。"要沾河公主以妇道训导皇家女儿们③。

努尔哈赤用语言和行动证明对蒙古额驸的爱护，用真情换取额驸对后金的忠诚与信任。受努尔哈赤的感召，天命九年（1624）正月，恩格德尔偕妻子率部众带着编户永居后金，大贝勒、阿敏贝勒等共十三名贝勒对恩格德尔、恩格德尔对努尔哈赤分别立誓，努尔哈赤给额驸和格格下达文书：除恩格德尔额驸争位，不判任何罪④，即"宥罪券"。努尔哈赤不仅率福晋出东京城亲自迎接，又在八角殿设大宴，赏赐恩格德尔额驸、莽果尔众多物品及田庄、男丁等，恩格德尔被授予三等总兵官，隶太祖属正黄旗，定居辽阳。

爱屋及乌，恩格德尔额驸弟及家人也完全融入皇家，天命九年（1624），在努尔哈赤率诸贝勒打围时，恩格德尔额驸及莽果尔及他们的儿子们分别与汗行抱见礼，进东京城后，努尔哈赤在家设宴款待莽果尔代夫妻，"选出在城内四十家，在城外四十家，赏给额驸和莽果尔代的僚友们"⑤。天命七年（1622）三月，赏给恩格德尔额驸姐姐貂皮的皮端罩一件、蟒缎的捏折女朝褂等众多物品⑥。天命八年（1623）四月，赐恩格德尔额驸弟补子青蟒缎一疋、兰缎五疋等。

四 恩格德尔额驸对后金的影响

努尔哈赤对恩格德尔以隆重仪式迎送及重赏，不仅仅是因为他额驸的身份，更主要是因为恩格德尔在转变喀尔喀五部与后金之间关系时起到了重要作用，且率部众定居后金意义重大，客观上对后金的军事、政治、经济都产生了深远的影响。

首先，喀尔喀五部转变与后金敌对关系，是后金军事战略上的转折点。

① 《重译〈满文老档〉》（太祖朝）第三分册，第83页，辽宁大学历史系，1979年。
② 《重译〈满文老档〉》（太祖朝）第三分册，第98页，辽宁大学历史系，1979年。
③ 《重译〈满文老档〉》（太祖朝）第三分册，第49页，辽宁大学历史系，1979年。
④ 《重译〈满文老档〉》（太祖朝）第三分册，第104~105页，辽宁大学历史系，1979年。
⑤ 《重译〈满文老档〉》（太祖朝）第三分册，第112~115页，辽宁大学历史系，1979年。
⑥ 《重译〈满文老档〉》（太祖朝）第二分册，第133页，辽宁大学历史系，1979年。

明朝迁都北京之后，明朝经济上支持兀良哈三卫，兀良哈三卫成为明朝防止漠北蒙古南下的北方藩篱[①]。到明朝后期，兀良哈三卫的位置为：自大宁前抵喜峰，近宣府，为朵颜卫；自锦、义历广宁，渡辽河至白云山，为泰宁卫；自黄泥洼逾沈阳、铁岭至开原，为福余卫。泰宁卫、福余卫主要是喀尔喀五部生活居住的地方。宰赛归顺，使喀尔喀五部不再对后金构成威胁，使察哈尔更加孤立，明朝的北方屏障岌岌可危，为后金攻击察哈尔和明朝扫除一层障碍。喀尔喀五部"西自虹螺，历广平，直抵辽河……东可入辽、沈、开原，西可入广宁镇武，南可入金、复、海、盖"[②]，喀尔喀五部与后金关系和缓，对后金坐稳全辽至关重要。广宁是明朝政治、军事重镇，兵家必争之地，为保住广宁，明朝不惜重金赏赐察哈尔与喀尔喀，广宁也是蒙古衣食经济之源。努尔哈赤为了攻取广宁，在恩格德尔的影响下，提前释放宰赛，与喀尔喀关系缓和，削弱了敌人的力量，天命七年（1622）二月，努尔哈赤轻取广宁，坐拥全辽成为可能。

其次，为后金扩充兵源，增加人口，加强满蒙关系。

努尔哈赤利用明朝对蒙古人始终有防范的心理，厚待恩格德尔额驸及其家属，优待蒙古人，对来归的蒙古贵族厚赠高贵的貂皮、衣物、鞍辔，设宴赏赐，给来归的蒙古逃人赏赐各种生活用品，不失时机地向蒙古宣传："蒙古、诸申两国语言不同，衣服、生活方式完全相同。"满洲与蒙古的关系就像尼堪与朝鲜的关系一样，是一家人[③]，拉近关系，以争取蒙古人，后金为逃来的蒙古人开快捷方便通道[④]。在喀尔喀五部中，巴岳特部恩格德尔最早归顺后金，天命六年（1621）五月，恩格德尔额驸弟莽郭勒台吉及妻子带着属下三十家、畜群逃来，努尔哈赤在大衙门下马设宴、赏赐[⑤]。九月，恩格德尔额驸的儿子囊努克台吉带马一匹，来后金向汗朝拜[⑥]。十二月，恩格德尔额驸的儿子满敦台吉来后金。第二年正月，囊努克贝勒带一百四十四人及众多牲畜逃来。天命九年（1624）正月十四，恩格德尔额驸带二百余户、羊万只、牛马牲畜等来到后金永居。受后金厚待的蒙古人及恩格德尔影响，天命年间，喀尔喀五部及察哈尔部逃归后金的蒙古人越来越多。

天命七年（1622）三月初七，努尔哈赤下令："逃来的蒙古人中，强壮的人披好甲，衰弱的人披次甲。像我们那样在胄的盔尾上和甲的背上缝上写的东西，与以前逃来的蒙古人穿的一样，分给我们属下的蒙古人和从兀鲁特来的诸贝勒属下的蒙古人""派人去广宁，修理所有尼

① 潘喆、李鸿彬、孙方明：《建州私志》《清入关前史料选辑》第一辑，第276~277页，中国人民大学出版社，1984年。

② 奥登：《喀尔喀五部考述》，《蒙古史研究》第二辑，内蒙古人民出版社，1986年。

③《重译〈满文老档〉》（太祖朝）第一分册，第76页，辽宁大学历史系，1978年。

④《重译〈满文老档〉》（太祖朝）第二分册，第91页，辽宁大学历史系，1979年。

⑤《重译〈满文老档〉》（太祖朝）第二分册，第28~29页，辽宁大学历史系，1979年。

⑥《重译〈满文老档〉》（太祖朝）第二分册，第59页，辽宁大学历史系，1979年。

堪的甲,给蒙古人"①。为了更好地管理蒙古逃人,二十九日,努尔哈赤又谕令:"从喀尔喀来的诸贝勒和从察哈尔来的诸贝勒各编为一旗为生,我想把你们来归的人编成二旗。"②逃来的蒙古人既为后金补充了兵源,也补充了大量劳动力(兵民合一)。

后金在征服战中,大批汉人逃亡、被屠杀,导致被征服的大部分地区荒芜、人口稀少。大批诸申迁入辽东地区后,诸申与尼堪房合住、粮合吃、田合耕,视无粮之尼堪为敌人。而对大批蒙古逃人来归,后金在八旗生计问题十分严重的情况下,赏给来归的蒙古逃人奴仆、牛、马,委任专职人员,管理"仓库粮食登记与分配,新来的人口数,分配房屋、田地、迁移地方""为新来的人分配住房,给釜、斧、衣服""调查无妻的人给以妻"③。为防止蒙古逃人再次逃走,"分付我们的诸大臣收养""如果逃走了,你要补偿"④,诸大臣对来归蒙古逃人以安置和监管。这一时期,努尔哈赤如此大力地鼓励和安置大批察哈尔、喀尔喀五部蒙古人的来归,因此,为后金补充了人口和劳动力,使辽土无人的局面有所改变。

努尔哈赤给蒙古诸贝勒文书:"你们和各自愿意的诸贝勒结成亲家,嫁女儿、娶儿媳、交友""我无差别地对待我亲生儿子与仰慕而来的诸子,全都加以恩养"。天命七年(1622)四月,"集合从察哈尔、喀尔喀来的诸贝勒,汗到衙门嘱咐诸贝勒各自结亲""英明汗希望他的八子们很好地恩养(蒙古诸贝勒),特意指示结成亲家"。⑤以满、蒙上层贵族之间联姻拉拢蒙古贵族,既解决了蒙古贵族生计问题,又加强了满蒙之间的关系。

五 后 记

崇德元年(1636)五月,恩格德尔额驸去世,葬在沈阳城北四十里,清朝皇帝没有忘记恩格德尔额驸对后金的作用和影响,厚待他的子孙,子额尔克戴青承袭父职,子索尔哈噶袭世职,崇德六年(1641)正月,"上以第五女固伦公主许字额驸恩格德尔之子索尔哈",崇德八年八月,于崇政殿举行婚礼。顺治十二年(1655)七月,顺治帝追谥恩格德尔额驸端顺,立碑记功,雍正七年(1729)正月,雍正帝念恩格德尔额驸旧日功绩,加号顺义,追封三等公,其曾孙噶尔萨承袭,其子孙世袭罔替。

---

①《重译〈满文老档〉》(太祖朝)第二分册,第129页,辽宁大学历史系,1979年。

②《重译〈满文老档〉》(太祖朝)第二分册,第142~143页,辽宁大学历史系,1979年。

③《重译〈满文老档〉》(太祖朝)第二分册,第151页,辽宁大学历史系,1979年。

④《重译〈满文老档〉》(太祖朝)第二分册,第155页,辽宁大学历史系,1979年。

⑤《重译〈满文老档〉》(太祖朝)第二分册,第142~144页,辽宁大学历史系,1979年。

浅谈清入关前商业贸易中的八旗组织

王丽

沈阳故宫博物院，研究馆员。

　　八旗制度由清太祖努尔哈赤创立，是集政治、军事、经济于一体的社会制度。清入关前，八旗制度主导着满洲社会的经济活动。

　　满洲社会早期并非以农业生产为主，受自身经济形式的限制，商业贸易成为经济活动中的重要补充。努尔哈赤建立政权后，后金的商业贸易活动在八旗制度下展开。皇太极继位后，着力发展农业生产，积极扶持对内贸易、战争中的对外贸易，随着后金（清）军事力量的逐渐强大，也日渐活跃。八旗后金（清）国家商业一直由"八家"垄断，八旗既作为个体，又作为整体在对内、对外贸易中处于重要地位，使清入关前的商业呈现出八旗特征，本文将就此进行论述。

一 八旗个体与国内贸易

八旗既是统称，又指八个颜色所属的旗分，作为个体时，史籍中常称为"八家"。努尔哈赤率军进入辽东后，八旗作为社会组织，以相对独立的个体，参与到商业贸易活动中，对内贸易大都是在各旗之间进行的，八家垄断了国内商业。

努尔哈赤起兵之前，明朝已在多处开设马市，供女真进行贸易活动，由于战争的原因，马市曾一度被关闭。明万历四十四年（1616），努尔哈赤在赫图阿拉建立后金政权，为发展经济，于城南提供交换物品场所，建立了原始的集贸市场，鼓励满人、蒙古人进行以物换物贸易。这一时期八旗组织已经创立，满洲社会的经济活动在八旗下展开。由于当时物质较为贫乏，交易市场还处于初级阶段，货物交易量不是很大，物物交易也没有过多限制。后金迁都辽阳后，为尽快恢复辽东地区的原有商业，后金所辖境内开放了多处交易场所，已归属于满洲八旗的汉人通过发放的凭证进行交易，初步形成八旗下的"八家官商经营模式"，即以八旗的每一旗为单位，由各家专门派出人员进行贸易，商品的价格由旗下牛录各家对所出售货物自行定价。为保护商人的利益，努尔哈赤下令："外地小城小堡商民，可携其大宗货物，来汗城贸易。小宗货物，可于各屯内贸易。"[1] 即城外有做大生意的人，可以到城内进行买卖；而一些做小本生意的人，就在各自的村堡进行交易。这主要是为买卖双方提供便利条件。在交易中，八家垄断了贸易活动，未经允许不得私自进行买卖活动，一旦发现有违令者，将被治罪。如天命六年（1621），满洲游击夸泰古"因纵容家人与汉人私行贸易，抗不纳税，违法行商，乃治其罪，革游击之职"[2]。天命七年（1622），"史家屯有名马云峰者，违汗之命，与自广宁前来之人贸易者，以草六十捆取银一两一钱五分，豆五斗取银七钱五分。故将马云峰以箭刺耳鼻，杖责四十，并追还所取之银两。凡有似此与自广宁前来之人贸易者，皆令退还"[3]。

商业贸易对于经济形式较为单一的后金社会是十分重要的。迁都辽阳以后，为了加强对市场贸易的管理，努尔哈赤在辽阳城西关厢特别任命八旗固山额真主持其事，对市场进行管理，诸物市价、课税，均照明例[4]。同时为扩大交易，谕令管理汉人的额驸佟养性："著查明抚顺、清河等地原有可信之商人，令迁往南城设肆，贩卖酒及饽饽、肉等食物。所筑新城，亦建房设

① 中国第一历史档案馆、中国社会科学院历史研究所译注：《满文老档》第200页，中华书局，1990年。
② 中国第一历史档案馆、中国社会科学院历史研究所译注：《满文老档》第245页，中华书局，1990年。
③ 中国第一历史档案馆、中国社会科学院历史研究所译注：《满文老档》第352页，中华书局，1990年。
④ 中国第一历史档案馆、中国社会科学院历史研究所译注：《满文老档》第209页，中华书局，1990年。

沈阳故宫博物院院刊 第二十辑

肆贸易。"① 这里的南城指辽阳旧城，新城即为东京城。随着满汉矛盾的日益加深，加之国内的贸易往来受到诸多限制，至努尔哈赤晚期，特别是迁都沈阳后，八旗之间的贸易活动已经十分惨淡。

天命十一年（1626）九月，皇太极继位，他对国内贸易予以足够重视，颁布商业法规，对努尔哈赤时期的法令进行调整，他下令："通商为市，国家经费所出，应任其交易，漏税者罪之。"② 主旨是大力提倡商业活动，将贸易活动有条件地放开；经商就要纳税，不许偷税漏税；对于努尔哈赤时期已经形成的以"八家官商"为代表的经商模式继续实行，将有组织的对外贸易和有限制的旗内贸易相结合，在规定的范围内进行交易。

由天聪元年（1627）的记载可知皇太极继位之初后金的贸易情形，史载："时国中大饥，其一金斗粮价银八两。民中有食人肉者。彼时国中银两虽多，然无处贸易，是以银两贱而诸物昂贵。良马一，值银三百两。壮牛一，值银一百两。蟒缎一，值银一百五十两。毛青布一，其值银九两。盗贼蜂起，偷窃牛马，人相惨杀至国中大乱。"③

为全面恢复商业经济，创造良好的商业环境，皇太极下令放开了对经商者的限制，但依然没有改变八家垄断的局面，只是在日后的贸易中，对八家权力进行了部分限制。由于满洲贵族为权势阶层，他们和普通商者之间存在着不平等交易，皇太极出台了法令，规定："合（和）硕亲王以下，永不许照前压买本固山猪只。……凡交易俱任本主，听卖主量其价值，卖与别固山人。王、贝勒、贝子家下买猪的人，不许压买，犯者问应得之罪。合（和）硕亲王、多罗郡王、多罗贝勒、贝子，今后不许压买民间猪只，民间亦不许买亲王、郡王、贝勒、贝子家下人的猪，如有私自买者，各问应得之罪④。"意思是亲王、郡王、贝勒、贝子经常压低价格强买下层平民的猪只。这个法令主要是针对之前各牛录可对商品价格进行定价而下达的，是为保护多数普通者的利益，对于稳定物价会起到积极作用。

为方便交易，沈阳城内各旗都设置了交易场所，有八处市场，称"八门之市"，也就是分别在八旗所属区域各设集市，同时八旗各旗分派出本旗官员对贸易活动进行管理，各旗出现了专门的"市商"。

国家鼓励进行贸易活动，对经商有所放开，但是八旗制下的商业无论怎样都将被八家所垄断。有的人因为不被本旗允许从事贸易活动，怀有不满，做出过格行为；有的人因无视国家

① 中国第一历史档案馆、中国社会科学院历史研究所译注：《满文老档》第 239 页，中华书局，1990 年。
②《清太宗实录》卷一，第 10 页，华文书局，1970 年。
③ 中国第一历史档案馆、中国社会科学院历史研究所译注：《满文老档》第 857 页，中华书局，1990 年。
④《清太宗实录稿本》《清初史料丛刊（第三种）》第 12 页，辽宁大学历史系，1978 年。

贸易法规，占便宜动用"国库银两"而受到惩罚。据记载，正黄旗额尔克曾被本牛录下怀泰首告，缘由："先是，于出征地方，额尔克将由其所携去之银两给贝子篇古、贝子洛托、超品公塔瞻。发给粮食给无粮之人时，额尔克称：我牛录下人，由我发给。遂承担此事。额尔克所发之粮食，后付息偿还，为此取牛录下人二匹骒马、一匹骟马，仅给劣马顶缺。……经审，属实。"额尔克讲出"放银给各旗"的原因："因不准我做买卖，我亦不与汝合。"在此事中，贝子篇古、贝子洛托尔等皆议过贸易之事，后因纳贿而违背上谕，收取皇上前往贸易之银，应削贝子爵，夺诸申，各罚银五百两，收回贸易之银两。塔瞻应削超品公爵，赐与他人，夺诸申，罚银三百两，收回遣派贸易之银两。鲁克都里明知系皇前往贸易银两，（竟）与贝子洛托商议后收取，应鞭一百，贯耳鼻。此事最终处罚结果是，额尔克死罪免，准以银三百两赎身；贝子篇古罚银二百两；贝子洛托罚银一百两；鲁克都里鞭一百，贯耳鼻，准折赎；公塔瞻，以其父之功，训饬后免罪；著首告离主[1]。

为活跃八旗之间的交易活动，皇太极下令调整纳税政策，使各旗组织者和经营者从中更多受益。努尔哈赤时期为限制任意经商，也为了保证国家军政的各项支出，既要"给各种各样的买卖东西定价"，也定有较高的纳税额。天命六年（1621）六月，进入辽阳后，努尔哈赤命令管理贸易的牛录额真，按明朝辽东旧例规定买卖时应纳税额[2]。九年，对后金重要商品牲畜进行贸易时，做了抽税规定："每一两抽税一钱"，将税金分成三份，两份交征税官吏，一份归交旗下本牛录的额真、代子、章京[3]。之后，又有详细说明："对人、马、牛、骡、驴、羊、山羊这七种，每一两收税一钱，分为三份，交法司两份，卖的人所在牛录额真、章京、代子分取另一份。如果尼堪属下的人卖，游击、千总分取。仅此而已，其他的东西都停止收税[4]。"

皇太极时期的税率，并没有明确记载，在《满文老档》中可以寻到蛛丝马迹，即编撰者在努尔哈赤10%的税率下加注有"以后从淑勒汗坐的年减税，每一两为三分"，即下调了七个百分点，为3%[5]。由于税率相对低了一些，各旗之间的贸易活动也相对活跃起来，特别是大量汉人的归附加入满洲八旗组织内，加之满洲贵族在多次对明掠夺中财富也日渐增长，为商品经济提供了基础，不仅八旗抽税额增加，国家税收也得到持续增长。据崇德三年（1638）记载，

---

① 中国第一历史档案馆、中国社会科学院历史研究所译注：《清太宗实录稿本》《清初史料丛刊（第三种）》第106页，辽宁大学历史系，1978年。

② 中国第一历史档案馆、中国社会科学院历史研究所译注：《满文老档》第203页，中华书局，1990年。

③ 中国第一历史档案馆、中国社会科学院历史研究所译注：《满文老档》第571页，中华书局，1990年。

④ 中国第一历史档案馆、中国社会科学院历史研究所译注：《满文老档》第705页，中华书局，1990年。

⑤ 中国第一历史档案馆、中国社会科学院历史研究所译注：《满文老档》第571页，中华书局，1990年。

十二月初十日，八家贸易处收税银一千一百五两钱①。

虽然降低了税率，但是由于在收税的环节上出了问题，使得收税的官吏乘机中饱私囊，勒索敛财，无形中加重了经商者的负担，使垄断商业贸易的八家组织蒙受了部分损失。由于交易主要在八门处，八门税官成为一个令人羡慕的肥缺，正如明朝降人徐明远所说的那样："今八门收税官吏无不昔贫而今富，盖因易于获利之故耳。如今之应纳税钱一两，必以重秤一两二三钱，四五钱者必秤六七钱而后已。臣以为官库之平重至于此耶，抑银水之倾折每两至于三、四耶？无乃官吏之欲行侵匿使然也。"②这说明国家考虑到了经商者的利益，但是财富却被一些无良官吏收进了自己的腰包。

以每个旗为单位的八旗组织在国内的贸易中不仅从中抽税，获得利益，他们也要承担一定的责任。为使国内交易市场向良性方面发展，随着买卖人的增多，国家对于市场监管也越来越严。鉴于当时在各旗之间经商者多是由"八家"主人派出的包衣或是汉人奴仆，带着主人提供的本金到市场交易，他们要被"按月勒索本息"，以致"无计措办，遂纠合同伙之人为盗"，成为社会的不稳定因素。国家出台了针对八旗旗主的"连坐法"，以加强对市场的监管力度。崇德六年（1641），皇太极谕令户部："自今以后，若居别旗地方贸易及街市往来贸易等人有为盗者，著令本主连坐。既为贸易之主，即有约束之责。……今立连坐之法，自八家以下，满洲、蒙古、汉人官员人等，各令家中闲散人俱归屯居住，牛录章京及家长各严加稽察。"③也就是要求主人对其属于"买卖人"要严加管理，如果出了事，主人与属下将同时受到处罚。

以八家形式存在的八旗组织，由于掌握着国家的经济命脉，在国家出现较大的饥荒时，其责任也很重大。皇太极就曾多次督促八家适时出手，解决民饥。崇德元年（1636）十月，皇太极命户部承政英俄尔岱、马福塔传旨说："米谷所以备食，市粜所以流通，有粮之家，辄自收藏，必待市价腾贵方肯出粜，此何意耶？今当各计尔等家口足用外有余者，即往市粜卖。勿得仍前壅积，致有谷贵之虞。先令八家各出粮一百石诣市发卖，以克民食。"④崇德二年（1637），皇太极采取强行措施，要八家"凡有粟之家，宜与牛录内困乏者，卖则取值，借则取息"。⑤强令八家担负起责任，虽然是杯水车薪，也不能说没有作用。

① 季永海、刘景宪译编：《崇德三年满文档案译编》第261页，辽沈书社，1988年。
② 《天聪朝臣工奏议》《清初史料丛刊（第四种）》第83页，辽宁大学历史系，1980年。
③ 《清太宗实录》卷五五，第14页，华文书局，1970年。
④ 《清太宗实录》卷三一，第17页，华文书局，1970年。
⑤ 萧一山：《清代通史》第236页，中华书局，1986年。

二 八旗商队与对外贸易

后金（清）时期的对外贸易主要是在与明朝、蒙古地区、黑龙江地区及朝鲜之间进行的[①]。在满洲崛起、后金建国及发展过程中，对外贸易起着重要作用，努尔哈赤和皇太极都对其极为重视。在对外贸易中，满洲社会组织八旗，是作为一个整体参与商业贸易活动，八旗各家奉旨派出人员组团赴边境地区进行贸易。

努尔哈赤时期，通过明朝设在抚顺等地的马市，后金从互市中换得了布匹、盐、粮食等生活必需品，同时以本地特产人参、貂皮等换取了大量的银两，为日后崛起奠定了基础。由于战争的原因，原有集市陆续关闭。正是"天命之时，建州薄脊，终岁所需，半仰互市，盖以建州饶参貂之利，明人亦藉粟帛为交易之品。洎两国失欢，互市遂绝"。[②]意思是说，当时建州因为富有人参、貂皮等物品，通过与明人交换粟米、布帛等物品，能够满足生活所需，到了两国交战后，明朝关闭了交易市场。努尔哈赤晚年的经济困难，与此有关。

皇太极继位后，在发展对内贸易的同时，想尽办法逐步恢复对外贸易，通过武力加怀柔政策，陆续开通了与明朝、蒙古等的边镇集市。

因为对外贸易不同于在各旗之间展开的贸易活动，经商者代表着国家的利益，在政治、经济、军事等方面都会对国家有所影响，也是国家的一个形象。八旗制下组成了"八家商队"，奉旨出行。

"八家商队"是一支有特色的商人队伍，它由八旗每个旗都派出的人员所组成，各带本旗银两或物品赴边外交易，交易的商品归本旗所有。每次出行人数少则几十人，多达几千人。皇太极多次派出"八家商队"到边关进行贸易。天聪六年（1632）六月，皇太极用武力攻下河北张家口后，明朝宣府等处官员与后金达成协议，开放关口进行互市贸易。随后皇太极派遣巴都里率每旗大臣一员，尽携诸贝勒、大臣的银器前往张家口边关贸易，遣归降蒙古嫩特木尔属下有银两者，命叶努率领前往张家口贸易，"科尔沁人、满洲人、汉人大市于张家口"。[③]此后，皇太极每每赏赐的绸缎大都是在此交易，天聪九年（1635）九月，"丁巳，先是发帑银与明国互市，获蟒素等缎疋。是日，赐诸公主大缎各三，额驸杨古利蟒缎一，缎二，额驸达尔哈、恩格德尔、明安贝勒，及阿山、叶臣、叶克书、石廷柱、和尔本、光泰、普汉、察喀尼、遏必

---

① 后金（清）与朝鲜的贸易活动将不在本文中论述。
② 萧一山：《清代通史》第236页，中华书局，1986年。
③ 中国第一历史档案馆、中国社会科学院历史研究所译注：《满文老档》第1305页，中华书局，1990年。

隆、马光远、塔什海库鲁克，各蟒缎一，蒙古八固山额真，各蟒缎一"①。

张家口地区是大清与明朝中原地区进行贸易活动的重要场所，皇太极定期派出八家人员携巨银前往交易。崇德三年（1638）七月，皇太极指派"遣达雅齐等往明张家口议岁币及互市"②，同年十月初十日，前往张家口（贸易）之达雅齐、卫囊桑、多罗额附毕喇西、喇什希布等归来③。可以说满载而归，换得大量中原地区的物品。崇德四年（1639），又派出多达七千人的商队，五月二十六日，从每牛录下派出牛录额真1人，披甲10名，家人15名，共驮银10万两，前往张家口"买绫罗缎匹"④。这次贸易所得，除皇帝自取部分，"赐诸王、贝勒、贝子、公、及承政固山额真以上各官有差"⑤，满足了贵族阶层的需要。崇德五年（1640）八月，希福、朱马喇、启心郎布丹等人，率领八家商人，及公以下，牛录章京以上家人，往张家口交易⑥。因为张家口地区开市使大清从中获得大量所需物资，崇德四年（1639）五月，皇太极下令嘉奖开市有功人员，"授达雅齐、卫寨桑、侍卫诺木图卫征，俱为牛录章京，赐喇嘛卫徵囊苏，号为达尔汉。"⑦理由是"与明人创议开市，有裨国计"。⑧

由于大清国家政权日益稳定，掠夺的银财也日益增多，贵族阶层富庶，对生活的要求也越来越高，于是皇太极决定与张家口的贸易由八家晋商负责，这样既可以定期交易，又可以减少成本。

"八家商队"也被派往西北沙虎口、苏尔盖口等地，进行贸易活动，如天聪九年（1635）九月，在驻军沙河堡时，贝勒对其参将说："我汗来征察哈尔时，虏掠各地，独尔沙河堡无犯。此番行师，我汗又命勿犯尔沙河堡，遂未侵犯，今可以货物互市。"⑨此地被迫开通互市，与后金进行货物交易。之后，皇太极又多次派出商队前往此地。因为路途遥远，每次商队都要携带大量物资，走上数日，可谓艰辛。如崇德元年（1636）二月，察汉喇嘛、额尔德尼囊苏、艾松古、达岱、邦逊被派出，率每家十五人，各携貂皮五十张，人参百斤，往大明国边门杀虎口贸

---

①《清太宗实录》卷二五，第7页，华文书局，1970年。

②赵尔巽等：《清史稿》卷三，第58页，中华书局，1977年。

③"中央研究院历史语言研究所"编：《明清史料》甲编，第226页，北京图书馆出版社，2008年。

④"中央研究院历史语言研究所"编：《明清史料》甲编，第942页，北京图书馆出版社，2008年。

⑤《清太宗实录》卷四八，第16页，华文书局，1970年。

⑥《清太宗实录》卷五二，第23页，华文书局，1970年。

⑦《清太宗实录》卷四六，第19页，华文书局，1970年。

⑧《清太宗实录》卷四六，第19页，华文书局，1970年。

⑨中国第一历史档案馆、中国社会科学院历史研究所译注：《清初内国史院满文档案译编》第188页，光明日报出版社，1989年。

易①。四个月后，苏儿德依、布彦等往迎大同府下沙河贸易之邦逊、达代等人②。

从派出的"八家商队"来看，每次与中原互市，多是带银两而去，采购物品以布帛为主，兼有明朝的马匹。如皇太极曾派出八家商队多达一千余骑，"随带骡子驮装银两"，前往黄河岸之苦库、合同等地"汉儿家买马"③。特别在崇德时期，单纯以物换物的情况越来越少，只是偶尔会带些人参和皮张等。

野人女真为女真民族的一支，他们主要居住在黑龙江、松花江、乌苏里江的广大流域。崇德时期，随着黑龙江地区野人女真的大量归附，与该地区的贸易活动也频繁起来。因为当地特产皮张是满族贵族需要的，同时也能获得中原人的喜爱，将换得的这些东西拿到张家口等地能卖上极好的价钱。"八家商队"每次到此地交易都是满载而归。崇德三年（1638）四月"八家商队"出发，十一月归来，"往黑龙江地方贸易，至是携货物至，正黄旗貂皮四百有六张，镶黄旗貂皮三百八十九，余佛头青布十一匹，正红旗貂皮一百一十四张，又自嫩江地方易得貂皮七十八张，余佛头青布二十三匹，镶白旗貂皮二百三十一张，又自嫩江地方易得貂皮五十五张，余佛头青布四十八匹，正白旗貂皮一百三十三张，又自嫩江地方易得貂皮一百三十二张，余佛头青布八匹，镶蓝旗貂皮二百二十四张，又自嫩江地方易得貂皮八十四张，余佛头青布十一匹，正蓝旗貂皮一百八十二张，又自嫩江地方易得貂皮五十九张，余佛头青布十二匹，共貂皮两千四百七十八张"。④

与蒙古人的贸易，在后金（清）的商业中占有重要地位。蒙古人以英勇强悍而闻名，他们由于受到明朝的厚待，经常会得到赏赐，因而积攒有大量的中原物品，如绸缎、钱币等，后金通过与蒙古的贸易可以间接取得这些物品；蒙古人擅养马匹，与其交易，更可换得马匹。"八家商人"多次到喀喇沁、土默特等蒙古各部经商。

有记载"八家商队"几乎每一两年就要进行一次大宗商品买卖，并且至太宗中期时，已使用银两进行贸易。天聪九年（1635）十二月初七日，诺木图携八家商人各三位，每家银各600两，到喀喇沁部鄂木布楚虎尔贸易⑤，四月后归来。崇德元年（1636）六月遣诺木图、胡米色率八家每家三人及每旗蒙古一人，携每家银千两，与土默特部鄂木布楚虎尔同往贸易⑥。崇德

---

① 中国第一历史档案馆、中国社会科学院历史研究所译注：《满文老档》第1395页，中华书局，1990年。

② 中国第一历史档案馆、中国社会科学院历史研究所译注：《满文老档》第1513页，中华书局，1990年。

③ "中央研究院历史语言研究所"：《明清史料》甲编，第942页，北京图书馆出版社，2008年。

④ 中国第一历史档案馆、中国社会科学院历史研究所译注：《清初内国史院满文档案译编》第392页，光明日报出版社，1986年。

⑤ 关嘉禄等译：《天聪九年档》第140页，天津古籍出版社，1987年。

⑥ 中国第一历史档案馆、中国社会科学院历史研究所译注：《满文老档》第1514页，中华书局，1990年。

沈阳故宫博物院院刊 第二十辑

18

三年（1638）三月，皇太极命八家及公以下、梅勒章京以上各出银两，赴归化城贸易①。当时皇太极出外不在盛京，出于安全考虑，"命内国史院大学士刚林同三人赍信符盛京，令速发驻防前锋兵迎我国赴归化城交易之人。"②崇德三年（1638）七月，"初一日，阿禄奏闻喀尔喀查萨克图汗兵来犯土默特之归化城，上亲率兵出征那次，八家自朵云、博硕堆来土默特贸易。八家出银二万五千六十六两，貂皮裌一百二十二张、雕鞍三副，往土默特贸易，易得蟒缎五十四匹、衣二十件、各种缎、衣、皮、纸张、菲金、大料、雄黄、藤黄、茶、马、驼③。就在同年同月记载，拨库银一千两，分别称分两，用钤记，赍送土默特部落顾鲁格依、托和依二章京，令其购买各色药品"。④

三 小 结

八旗制度是后金（清）国家的社会制度，商业贸易在八旗制下展开，也呈现出八旗特征。后金早期形成的"八家官商经营模式"，延续到皇太极时期；国家商业贸易由八家垄断，八旗组织扮演了重要角色，八个旗作为独立的组织单位，参与贸易活动。在国内，旗与旗之间进行交易；在国外，组成商队，以团队形式出边，主要是与汉人、蒙古人等交易；每旗都有各自派出的商人，经营本旗的货物交易，维护本旗利益，只是交易对象有所变化。八家贝勒既有管理本旗商人之责，又要在国家经济陷入危机时，承担救助之责。清军入关后，随着进占中原地区范围不断扩大，八旗制度在经济方面的影响有所减弱，八家垄断商业的局面也被打破，商业贸易中对八旗组织的束缚也得以松绑，随着国家经济的发展，商业贸易逐步走上正轨。

①《清太宗实录》卷四一，第 3 页，华文书局，1970 年。

②《清太宗实录》卷四一，第 7 页，华文书局，1970 年。

③ 季永海、刘景宪译编：《崇德三年满文档案译编》第 125 页，辽沈书社，1988 年。

④ 中国第一历史档案馆中国社会科学院历史研究所译注：《清初内国史院满文档案译编》第 325 页，光明日报出版社，1989 年。

|内容提要|

明代后期，随着商品经济的发展，社会生活环境、生活风尚均发生巨大变化，一部分士人或儒或商，自由进出，自我意识开始觉醒。士人的心态走向渐成多元并存格局。及至明清交替，是恪守传统的忠孝观念、杀身成仁，还是变节投降、忍耐和生存？从祖大寿降清的经历，可以窥探他及明末士人在朝代更替时的道德困境和艰难抉择。

|关键词|

祖大寿 明末士人 困境

从祖大寿降清看明末士人的困境

张国斌

沈阳故宫博物院，馆员。

　　士人，在中国历史上始终是一个占有重要地位的特殊阶层。至明末，面对血淋淋的党派倾轧、风起云涌的农民起义和日渐崛起的后金（清）政权，士人处在一种复杂的尴尬境地：时局是如此的谲云波诡，既不能坐视道统的衰落而无动于衷，却又很难凭借自己的力量力挽狂澜。

　　同时，明末既是一个文化繁荣、新思想不断涌现和充满着欢愉的时代，也是一个令人困惑和忧虑的时代①。在应接不暇的变化中，人的命运变得难以预测，难以始终如一。身处乱局之中，尤其是关系王朝存亡的战局中，士人面临生死不免陷入难解的困境之中：是以身殉国、誓死抗争，还是顺势归降、保全家族？其抉择的结果无非是生与死两种，但在当时复杂的政治形势下，多种政治势力交织，士人在困境中的选择必然会变得更加复杂。本文试从祖大寿的经历

---

①［加］卜正民：《纵乐的困惑——明代的商业与文化》第173页，广西师范大学出版社，2016年。

窥探当时士人面对的困境。

一 明代专制皇权的强化和对士人的伤害

士人，是中国古代社会的重要政治群体。最初指武士或从事宗教事务的人（即史），后来专指娴习儒家六艺、奉孔子为宗师的知识分子。他们以道自任，"笃信好学，守死善道"（《论语·泰伯》），能够超越自己个体和群体的利害得失，而发展对整个社会的深厚关怀。

"士志于道"，主要是士人的自我期许。他们坚守"以天下为己任"的思想信念，小心翼翼地维护其标榜的"道统"，并借此批评政治社会、抗礼王侯。然而，现实的政治权威却远比他们想象的要强势。在专制皇权的步步紧逼下，士人的地位日渐卑微，在理想与现实、良知和利益、尊严与屈服之间游离不定，变得进退失据了。

明代对专制皇权的强化，则进一步伤害了士人维护"道统"的热情和积极性。明太祖出于对相权的厌恶和专制的渴望，立国不久即宣布永远地废除了宰相制，将行政权集中到他自己的手中。同时，他又通过颁布一系列诏令，在道德、社会和政治信仰方面充当起意识形态的最高权威。虽然明太祖把四书当作教育领域和科举考试中最重要的部分，但是他却将《孟子》一书中具有民本思想的章节删除。

明成祖为了增强自己的合法性，虽极力表现出对士人的屈尊俯就，却又不断恐吓那些仗义执言的大臣（所谓谏诤忠臣），动辄将他们关进监狱，施以酷刑，甚至将他们处死。

在专制皇权的不断强化过程中，士人受到了来自精神和肉体上的双重伤害，人格尊严丧失殆尽。同时，他们参与政治科举正途则因为人口的膨胀而日渐堵塞，一部分士人不得不自我边缘化于政治之外，或儒或商。到明末，程朱理学、阳明心学、佛教禅宗、道教等思想并存的局面，引发了士人思想多元化与士人的分化。

二 祖大寿降清经历

祖大寿，字复宇，辽东人（今辽宁兴城），出身望族。祖氏世代行伍，在明军中为官者历代皆有，至祖大寿时已俨然成为辽东军事贵族，在当地势力极大。当时明军中为将帅者，除了祖大寿，还有他的兄弟子侄等多人，如祖大乐、祖大弼、祖大成、祖大名、祖泽润、祖泽洪、祖泽远等数十人，再加上祖大寿一族的亲戚外族，如吴襄、吴三桂父子等。可以说，祖大寿所统帅的祖氏集团及其关宁辽军是当时关外抗击后金的中流砥柱。

祖大寿从熊廷弼主政辽东到崇祯十五年（1642）锦州城破降清，抗清时间历时二十余年，是明亡前抗清时间最长的高级将领；他在宁远保卫战、宁锦大捷、北京保卫战中都立下了汗马功劳，后又据守大凌河、宁远、锦州等关外要塞，参加战役最多；他经历了朝廷多次换帅，亲见主帅袁崇焕无罪下狱，基于义愤，自己带兵退出北京保卫战，又听从袁崇焕的召唤回师收复关内滦州、遵化等地，扼守关外两度降清，遭遇变故颇为曲折。

1. 大凌河被围，祖大寿势穷出降

后金天聪五年（1631）九月，清太宗皇太极率大军包围大凌河。经过几次小规模的交锋之后，皇太极即开始不断派遣使者致书祖大寿劝其归顺，同时全力进攻大凌河周围的台堡和明朝的各路援军。历时一个多月的围困，大凌河城内渐渐粮绝薪尽，皇太极在得知这一情况后再次致书祖大寿，告诉他后金已经知道城中的困境，并以保证其财产、荣誉和地位为条件劝其投诚。祖大寿不为所动，表示"我宁死于此，不能降也"①。

到十一月，大凌河城内明军已经陷入了骇人听闻的艰难境地。一个名叫王世龙的人越城投降，说城内"商贾诸杂役多死，存者人相食，马毙殆尽"②。祖大寿此时突围不成，在得知金军粮草弹药充足之后，终于第一次开始认真考虑投降问题了。

在与皇太极和众贝勒对天盟誓，明确表示保全大凌河城内将吏兵民之后，祖大寿正式献城投降。城中原有 3 万人，被围 82 天之后，只剩下 11682 人了③。

2. 献计取锦州，祖大寿降而复逃

在商讨招降的书信中，祖大寿向皇太极提出了攻取锦州的两种方案。而后一种方案——祖大寿率军佯装逃走赚取锦州，得到了皇太极的肯定和支持。

十一月二十二日，祖大寿率从子泽远及亲信二十六人，由副将石廷柱等陪送，乘马出发了。到了小凌河，祖大寿一行下马徒步过河，趁着夜色奔向锦州城。此处一别，石廷柱和祖大寿到十年后才得以重见。

祖大寿入锦州之后，便开始与皇太极虚与委蛇。十一月二十六日，他派人到后金营中传话说，前日带人太少是个错误，锦州新兵甚多，所以原计划眼下难以实现，只能慢慢想办法了④。此外，大凌河陷落前，有三人越城逃到了锦州，邱巡抚从他们口中得知了大凌河之事，对祖大寿心存怀疑。所以祖大寿建议停止联系一年，待邱巡抚疑心消除后，再恢复联系，共图

---

① 赵尔巽等：《清史稿》卷二三四，第 9422 页，中华书局，1977 年。
② 赵尔巽等：《清史稿》卷二三四，第 9422 页，中华书局，1977 年。
③ 赵尔巽等：《清史稿》卷二三四，第 9423 页，中华书局，1977 年。
④《清太宗实录》卷一〇，第 20~21 页，华文书局，1970 年。

沈阳故宫博物院院刊 第三十辑

约定之事①。

之后，祖大寿不再与皇太极互通书信。他仍然效忠大明王朝，一如往昔。

3. 锦州陷落，祖大寿完全归降

崇德六年（1641），皇太极亲征锦州、松山，拉开了松锦之战的序幕。崇德七年（1642）一月，蓟辽总督洪承畴松山兵败，之后归降清朝。同年四月，明清议和失败，清朝决定加紧攻打锦州。此时锦州被困已一年有余，总兵祖大寿不得不再次目睹部下以人肉充饥的惨状。

在松山陷落被俘的明朝官员中，有祖大寿的弟弟祖大乐②。锦州被围后，祖大寿曾与其子侄隔城相望，他们请求祖大寿投奔清朝，与家人团聚，但祖大寿仍坚守不降。得知松山已陷，其弟也已降清之后，祖大寿终于决定履行多年前许下的承诺，为清军打开锦州大门。

崇德七年（1642）四月，祖大寿率其官属兵丁出城，向济尔哈朗等满洲贵族叩首投降。清军入据锦州之后，皇太极传谕将锦州 7000 守军及其家属尽皆留养，移驻他处。济尔哈朗执行了清太宗的命令，将祖大寿送往盛京，交由皇太极亲自发落③。

到盛京之后，祖大寿受到了皇太极的宽大处理。太宗说道：

> 尔背我为尔主，为尔妻子宗族耳。朕尝语内院诸臣，谓祖大寿必不能死，后且复降，然朕决不加诛。往事已毕，自后能竭力事朕则善矣④。

至此，祖大寿彻底臣服于皇太极，完全归顺了清朝。

三 从祖大寿的降清经历看他及当时士人的困境

从祖大寿的经历可以看出来，他曾经坚守过，选择投降都是迫于形势，不得已而为之。可以说，他在进行艰难抉择的时候，他面临着士人在朝代更替时共同面对的困境：

---

① 《清太宗实录》卷一〇，第 22 页，华文书局，1970 年。
② 《清太宗实录》卷五九，第 11 页，华文书局，1970 年。
③ 《清太宗实录》卷五九，第 13~14 页，华文书局，1970 年。
④ 赵尔巽等：《清史稿》卷二三四，第 9427 页，中华书局，1977 年。

1. 道统与政统之间，孰轻孰重

士人，首先是"道"的承担者。天下有道，以道殉身；天下无道，以身殉道（《孟子·尽心上》）。"道"在儒家，即仁义、仁政。

士人所考虑的乃是"道"的得失而不是个人的利害。即所谓"谋道不谋食""忧道不忧贫"。士人当以天下为己任，位高则任重。明朝专制皇权的强化以及统治者的暴政，激发了士人集团的良知和不断抗争。即使廷杖的残酷，亦不能阻止士人对"道统"的维护和坚守，许多人因此而成为令人敬仰的殉道者。杨爵、杨继盛、沈炼、杨涟以死谏诤，是此种情怀；东林士人的抗争，也是此种情怀。

从明代士人对统治者暴政的抗争，也可以看出在"仕"的问题上，士人追求的是一种君臣相互尊敬的和谐共处之道。孔子说"君使臣以礼，臣事君以忠"（《论语·八佾》），强调君臣各守其礼，各尽其道，以维护士人的尊严和利益。孟子的表述则更加直白："君之视臣如手足，则臣视君如腹心；君之视臣如犬马，则臣视君如国人；君之视臣如土芥，则臣之视君如寇雠。"（《孟子·离娄下》）"士为知己者死"，成了传统中国士人的一个精神宣言。

由此可见，当袁崇焕被崇祯皇帝罢免并下诏狱的时候，祖大寿和何可纲受到的打击是显而易见的，他们甚至一度退出了京师保卫战。袁崇焕被害后，祖大寿力守大凌河、宁远、锦州达十三年之久，令皇太极吃了多次败仗，成为明王朝关外的中流砥柱。但是崇祯皇帝对祖大寿并不信任，明朝派洪承畴镇守宁远的最初目的，就是为了监视祖大寿，防止他投降清朝[1]。在孤守关外的十多年中，祖大寿得不到援军支持是常有的事。为不信任自己的皇帝拼死守城，兼之老上级袁崇焕无罪被杀，祖大寿的内心是痛苦和矛盾的。

明末政治的腐败，使许多慷慨激昂之士处在了深深地两难境地之中。一方面，他们满腔热血，对君主、对国家都恪守儒家的道德义务和责任；另一方面，他们却不能在自己期望的地方发挥自己所希望的作用。祖大寿如此，史可法同样如此。

史可法进士出身，以科举入仕，因公正廉洁在朝廷中赢得极好的声誉。当他镇守山东抵御清军失利时，崇祯皇帝却并未予以惩处，对其异常宽厚。这种宽宏，使史可法更加感恩戴德，全身心投入抵御农民军的事业中。弘光政权建立不久，朝廷即陷入了党争，史可法被马士英、阮大铖等人排挤，只能以兵部尚书职督师扬州，协调江北四镇抵御清兵。顺治二年（1645），清豫亲王多铎围困扬州，弘光政权却只顾打内战，把主要兵力用于防御左良玉[2]，史可法传檄

---

① 李清：《三垣笔记》"附识"上，第15页，中华书局，1982年。

② 孙文良、李治亭：《明清战争史略》第412~413页，中国人民大学出版社，2012年。

诸镇发兵援救，刘泽清北遁淮安，旋即降清，仅刘肇基等少数兵至，以致防守力量相当薄弱，根本不堪应战。

此时多尔衮劝降，被史可法义正词严地拒绝了：

> 可法北望陵庙，无涕可挥，身陷大戮，罪应万死。所以不即从先帝者，实为社稷之故也。传曰："竭股肱之力，继之以忠贞。"①

面对强大的清军，史可法"知其不可为而为之"，显示了极大的勇气和"死而后已"的决心。他没有埋怨朝廷的党争、军队的怯懦，几乎是默默地承受着无以挽回的败局。

最终，扬州城破，史可法在被俘之后英勇就义。他成了那个时代的一座丰碑，他的死难为国人所敬仰——甚至是效仿。史可法的殉难和扬州的失陷猛然掀起了一股死节的浪潮，这既包括曾经供职南明的人们，也包括这场大崩溃的直接目睹者②。不仅士人殉死，其家族亲人亦随之殉死，大量的死亡异常惨烈，造成了所谓"忠义之盛"。

当"祖大寿"们的思想在坚守与放弃之间摇摆时，史可法等忠义之士却坚定地捍卫了儒家的"道统"和担负了士人的义务。不同群体截然不同的抉择，则反映了那个时代士人整体的困境。

相较而言，史可法的抉择更能为历朝统治者和士大夫所接受。明太祖就曾对尽忠的敌臣余阙尽节而死表示赞赏，为其建祠赐谥。清世祖定鼎燕京之后，亦下旨褒录北京的殉难者。到清高宗下令编撰《胜朝殉节诸臣录》《贰臣录》，清朝统治者对士大夫忠于朝廷并为之献身的褒奖，不仅极大地提升了那些殉节名臣的声望，也让那些在历史转折时期摇摆不定、出仕两朝的士人百年以后仍处在尴尬的历史评价中。

2. 家国之间，何去何从

明代商业的发展为士人提供更为宽阔的生活出路，他们一部分人以己之所长，以一种特殊的方式进入商业领域，通过财富开拓了民间社会，士人的"道"因为商人的参加而获得了新的意义，所谓士商"异业而同道"。

在士商互动的过程中，商人的现实主义、适者生存的竞争原则也逐渐为士人接受。这样，明末士人对于该不该以身殉国，陷入了深重的困惑之中。一方面，孔曰成仁、孟曰取义深深植

---

① 史可法：《史忠正公文集》卷三八八，第1~2页。

② [美] 魏斐德：《洪业清朝开国史》第194页，江苏人民出版社，2005年。

根于他们的头脑中；另一方面，现实与理想的强烈反差、家国不能兼顾的处境却使他们难以作出决断。

以祖大寿为例。祖氏世代为明朝将帅，其家族为辽东望族，与辽东局势休戚与共。然而明清战争的惨烈，骨肉亲情的分离，都使祖大寿对最初的坚守产生了动摇。其一，两次被围，城内都是粮绝薪尽，已经不足以继续支撑防守，甚至生存都成了问题，祖大寿的坚守也被皇太极讥讽为靠牺牲士兵、百姓的性命成全他忠义的美名；其二，皇太极一再表示会保全祖大寿及其将吏兵士，不会发生之前类似永平屠城的大屠杀事件，因此投降不会招致严重后果；其三，祖大寿已有亲人被后金挟持，真正陷入家国不能兼顾的境地；其四，也是最关键的，明朝援军始终难以到达大凌河城、锦州城，外援无望。这些残酷现实，将以身殉国还是保全家室这一问题摆在了祖大寿的面前。

经过激烈的挣扎，祖大寿最终投降了。如他自己所说的：既然人生天地间终有一死，而现在又不能尽忠于国家了，那么他也就只有率领辽东将士为保全妻子儿女而考虑了 ①。

3. 天命究竟属于谁

崇德七年（1642）十月，即祖大寿在完全归顺清朝之后，他奉清太宗皇太极之命给外甥吴三桂写了一封劝降信，其中言道：

> 以愚意度之，各镇集兵来援辽左，未一月而四城失陷，全军覆没。人事如此，天意可知。……再观大清规模形势，将来必成大事 ②。

崇德八年（1643）正月，吴三桂"遣蒙古索内，赍书遗祖大寿" ③。在回信中，吴三桂表达了对舅父遭遇的深切同情，同时阐述了"只求富贵，反先殒命"、唯有忠贞不贰可得善终的观点，反复陈述其"不事二主"的决心 ④。此时孤守宁远的吴三桂，不仅能切身体会到祖大寿受困时的心境，而且由于受"华夷之辨"的影响，他并不像祖大寿信中所说那样认为天命已经转归清朝。其实就是祖大寿对于天命是否真的已经完全属清，也可能是矛盾的。信中的语言，表达得比较模糊，很难说是肺腑之言。相关记载中，除了这封给吴三桂的劝降信外，祖大寿几乎没有参加同一时期的明清战争，仅有一份攻明策略 ⑤。他这么说，或许含有一种自我解脱的

---

① 赵尔巽等：《清史稿》卷二三四，第 9423 页，中华书局，1977 年。
②《清太宗实录》卷六三，第 17 页，华文书局，1970 年。
③《清太宗实录》卷六四，第 5 页，华文书局，1970 年。
④ 孟庆来：《吴三桂降清问题新探——吴三桂与祖大寿往来书信档案解读》《兰台世界》2016 年第 23 期。
⑤《清太宗实录》卷六四，第 2 页，华文书局，1970 年。

26

沈阳故宫博物院院刊 第二十辑

味道。

明清交替之际，天命所属是士人不得不认真面对的议题。一方面，恪守"华夷之辨"的汉族士大夫认为明朝作为中华正统，享有天然的道德优势；另一方面，清朝积极学习儒家文化、实行士人眼中的王道，虽衣冠服饰与中华异，但也逐渐成为适合中国文化传统的政权。

因此，李永芳、洪承畴等人降清之后，对清朝忠心耿耿，积极出谋划策、建功立业。即使祖大寿在进入锦州之后背叛了盟誓，其他大凌河降将仍然忠于后金（清），为清朝平定天下做出了巨大贡献，立下了赫赫战功。例如：祖可法，祖大寿义子，曾参与制定取代明朝、平定天下的策略。当皇太极在与明朝是战是和犹豫不定的时候，他上疏直陈：

> "……明之百姓，甚苦官吏贪酷，诚吊民伐罪，我军行不惊扰，慎择宽廉长吏抚绥之，则人心莫不向顺。至进取之计，譬之去人一手一足，而其人犹生；若断喉刺心，则其人立毙。明虽大国，势已极弱，我军直捣燕京……""锦州、松山、杏山、塔山一时俱为我有，明人心摇动，燕京震骇。惟当应天时，顺人事，直取燕京"①。

在祖可法的心目中，天命已经属于清朝一方，而且清军兵锋甚利，取代明朝已是水到渠成。

四 结　语

明清易代，处于困境之中的士人，必须对生死做出抉择，在传统文化的批判中，寻找生与死的合理性，寻求精神的超脱。祖大寿黯然投降，史可法英勇就义，吴梅村归隐立言，钱谦益反复无常，都可以反映明末士人在生与死的抉择之际所表现出的矛盾行为和心态。

从传统儒家的经典到历朝贤达的解读，都构成了明末士人对天命的认知。但是明末各种思潮的冲击，也改变了士人对奉为根本的儒家道德的理解；党争的分歧和不理性，造就了一些反复无常、几乎丧失操守的官吏。所以，才会出现功利主义很强的反复，既有先投降农民军、后投降清朝的明朝官员；又有投降清朝之后又反对清朝的文人武将。乾隆皇帝就屡次批判钱谦益大节有亏、"进退无据"②。

钱谦益是个思想和性格都比较复杂的人。他本以"清流"自居，却因为热衷于功名而屡次

---

① 《清史列传》卷七八，第6437页，中华书局，1987年。
② 《清史列传》卷七九，第6578页，中华书局，1987年。

陷入政治旋涡，留下谄事阉党、降清失节的污名；他在降清后却又从事反清活动，力图在传统道德观上重建自己的人生价值。这种进退维谷、反复无常的尴尬作为，既为明朝遗民所斥责，又为清朝皇帝所憎厌。在他身上，反映了明清之际一些文士人生态度的矛盾。

在这种矛盾中展现出来的，是一种潜藏的、不可抗拒的道德力量，也正是在这种普遍的社会文化环境中，士人不论最后做出何种选择，都要从传统文化中寻求支撑，希图解开隐匿于心中的矛盾，放下身上背负的道德包袱。祖大寿投降后的言行如是，钱谦益投降后的反复亦如是。

嘉庆帝与毓庆宫

许 静

故宫博物院，副研究馆员。

毓庆宫位于紫禁城内廷东路，是康熙帝专门为太子胤礽建造的宫殿。档案中对毓庆宫兴建时间有记载："康熙十八年兴建毓庆宫、惇本殿，则轶出前朝规模，而迹近踵事增华矣。"[1]胤礽被废太子后，毓庆宫一直由诸皇子居住，雍正朝、乾隆朝亦然。成书于乾隆三十四年（1769）十二月的《国朝宫史》中对毓庆宫有这样的记载："斋宫之东为毓庆宫，前为祥旭门，再南为前星门，入门为惇本殿。殿后即毓庆宫正殿也，今为诸皇子所居。"[2]可知当时诸皇子居住在毓庆宫，包括嘉庆帝，嘉庆朝实录中有明确记载："紫微东偏曰毓庆宫，上养正时所居也。分邸后，移居撷芳殿。"[3]嘉庆帝在这里度过了漫长的书斋生活，立储及登基之后作为嗣皇帝也居住在此，而这段漫长的岁月是嘉庆帝一生都怀念的时光。

---

[1] 奏销档，长编46037，《兴建毓庆宫惇本殿事》。
[2]《国朝公史》卷一二，第231页，北京古籍出版社，1987年。
[3]《清仁宗实录》卷一，第67页，中华书局，1986年。

一 皇子时代的书斋

嘉庆帝出生于乾隆二十五年（1760）十月初六日，名颙琰，是乾隆帝的第十五子。

清代十分重视皇子教育，乾隆元年（1736）正月，乾隆帝令大学士鄂尔泰、张廷玉、朱轼、徐元梦、福敏等为皇太子的师傅。乾隆帝为颙琰选择师傅时，时任上书房总师傅的刘统勋推荐了翁方纲、纪昀、朱珪三人备选，最终乾隆帝选择了朱珪，"朱珪不惟文好，品亦端方"[①]。颙琰从五岁便开始了毓庆宫的书斋生活，直至十五岁才移居东二所，他曾有诗句："左个青宫额毓庆，髫龄于此十年居。"在诗注中他写道："予五岁即蒙恩赐居此宫，至十五岁始移住东二所。"[②]

颙琰在毓庆宫的书斋叫作"味馀书室"和"知不足斋"。关于两处书斋在毓庆宫内的具体位置，会典中有明确的记载："毓庆宫，旧为皇太子所居。乾隆六十年（1795），仁宗睿皇帝受封皇太子后自撷芳殿移居于此。宫前为祥旭门，再南为前星门，祥旭门内为惇本殿，殿后即毓庆宫。宫东室向西者为继德堂，东次室为味馀书室，再东为知不足斋。"[③]

味馀书室得名与颙琰的老师朱珪有关。诸多师傅之中，朱珪最受颙琰敬重。他博学广识，不仅教授颙琰丰富的知识，在品德与行为方面，都以自己的风范影响着颙琰。朱珪曾对他讲过"勤学者有余，怠者不足，有余可味也"这样的话，颙琰牢记师傅的教诲，对其一直心怀感激，把自己的书房名之为"味馀书室"[④]。

颙琰皇子时期的诗文整理成了《味馀书室全集》，这里的诗文有的阐发经史的含义，有的纵论古今，也有的描述山川美景，也有记录本朝的历史事件，更有与诸皇子鉴古品茗。其中，有多篇是记录在味馀书室里的读书时光，共七首，辑录如下：

乾隆四十八年（1783）作《初冬味馀书室》："故里归鞭日涉冬，书斋几席又相逢。窗含暖旭多生意，菊有黄华想旧容。心境还留三辅壮，梦魂犹忆万山浓。燕居自检途间咏，思入云峦第几重。"[⑤]

乾隆五十一年（1786）作《新春味馀书室》："铜龙运斗律生东，书室拈吟每岁同。馥馥唐花陈几绿，融融暖旭映窗红。看书煮茗娱清昼，扫地焚香课小童。静里年光春意满，柳丝门外

① （清）昭梿：《啸亭杂录·续录》卷四，中华书局，1980年。
② 《清仁宗御制诗》第二册，第51页，海南出版社，2000年。
③ （清）昆冈等：《钦定大清会典事例》卷八六二，工部，宫殿。
④ 《味余书室全集定本》第二册，第252页，海南出版社，2000年。
⑤ 《味余书室全集定本》第一册，第343页，海南出版社，2000年。

转和风。"①

乾隆五十一年（1786）作《味馀书室静坐成咏》："暖日风光早漏春，书斋十笏喜宜人。盆梅淡池清芬远，院树纷敷生意新。静里诗情抽乙乙，闲中雅趣自甲申。三余兴会真堪味，紫禁高深少市尘。"②

乾隆五十九年（1794）作《新正味馀书室》："春光盈几席，花鸟助新芳。枝上流清韵，盆中吐静香。书城人耐坐，艺圃趣偏长。迟日窗徐度，心虚勿我忘。"③

乾隆五十九年（1794）作《初冬味馀书室》："元冥代清商，气候渐严肃。书室坐温墩，薰炉味和淑。茗椀伴菊英，清芬沁心腹。细探图史精，知新必三复。虑定无所思，太一归冲穆。返观虚白生，光辉自满屋。味馀得其全，奥旨在慎独。"④

乾隆五十九年（1794）作《味馀书室岁晚书怀十韵》："嘉平岁事成，官廨尽封篆。书室半日闲，册府堪消遣。澄心对古人，乐志观坟典。素位屏外营，言动必择善。年光味三余，窗明影徐转。坐久暖如春，颐和兴游衍。悠然有所思，粤东望遐缅。一别已六春，迢遥良会鲜。绛帐久虚陈，离怀日绻缱。临风意无穷，惟望瑶函展。"⑤

乾隆六十年（1795）作《新正味馀书室》："元正景物总熙然，户列桃符吉语骈。雪丰益增梅艳满，春光还待月光全。唐花结馥盆陈案，嘉果凝芳室布筵。喜试锦笺怀粤海，平安早报上元前。"⑥

仔细读这些诗句，几乎每一首诗都有"暖""静""香""闲"的字眼，说明颙琰在毓庆宫的书斋生活是一段充实、美好、静谧的时光。

"知不足斋"之名原是杭州鲍氏藏书室的额名，因乾隆三十六（1771）、三十七年（1772）间，乾隆帝命广采天下书籍，鲍士恭所献书籍最多最精，后来，鲍士恭将此刊刻成《知不足斋文集》⑦。颙琰以此来命名自己的书斋，意为告诫自己学海无涯，知道自己不足，方能勤于探索。另外，颙琰选择此为书斋名字，也与他的性格有很密切的关系。颙琰自幼十分谦逊，常常用"悟性迟钝"来评价自己："予六岁入学习经书，十三学诗，十七署文，书窗朝夕行帐寒暑幸无间断。若今体格律初从学于东墅师傅，古体诗及古文从石君师傅习焉。予赋性鲁钝，赖二

①《味余书室全集定本》第二册，第49页，海南出版社，2000年。
②《味余书室全集定本》第二册，第82页，海南出版社，2000年。
③《味余书室全集定本》第二册，第206页，海南出版社，2000年。
④《味余书室全集定本》第二册，第220页，海南出版社，2000年。
⑤《味余书室全集定本》第二册，第222页，海南出版社，2000年。
⑥《味余书室全集定本》第二册，第223页，海南出版社，2000年。
⑦《故宫珍本丛刊》第一册，第386页，海南出版社，2000年。

先生切磋琢磨之功十有余年，略开茅塞。"①

为了时刻勉励自己，他专门以书斋的名称制作玉玺，"味馀书室"玺和"知不足斋"玺。此二枚玉玺现藏于故宫博物院。

二 立储之后的太子宫

乾隆三十九年（1774），颙琰奉乾隆帝之命娶副都统、内务府总管和尔经额之女喜塔腊氏为妻，封为嫡福晋②。成婚之后的颙琰便搬出了毓庆宫，移居到了东华门内撷芳殿③。在他被立为皇太子之前的二十多年里，颙琰一直住在撷芳殿。乾隆六十年（1795）九月，乾隆帝御勤政殿，召皇子、皇孙、王、公、大臣入见，宣示恩命，立皇十五子嘉亲王颙琰为皇太子，其谕旨："立皇十五子嘉亲王颙琰为皇太子，用昭付托。定制孟冬朔颁发时宪书，其以明年丙辰为嗣皇帝嘉庆元年。俟朕长至斋戒后，皇太子即移居毓庆宫，以定储位。"④于是，作为皇太子的颙琰又重新搬回了毓庆宫，此时的毓庆宫又成为名副其实的太子宫。被封为皇太子的颙琰十分激动，他当即写下了《乾隆乙卯九月三日蒙天恩晋封皇太子感激涕零成诗恭纪》一诗："天光下贲到臣身，秩晋青宫恩命申。一己愚忠频战栗，千秋金鉴凛遵循。谦恭作则钦先训，胞与为怀体圣仁。自愧凡材何以报，趋庭昕夕侍君亲。"⑤同时，又能回到儿时居住的毓庆宫也让颙琰十分高兴，他写诗以表纪念，诗为《十一月十八日蒙恩赐居毓庆宫恭纪》："毓庆髫年宅，蒙恩复赐居。景仁钦圣泽，继德焕宸书。苞茂欣宜尔，敬勤敢忽诸。斯干叶弦管，喜气满庭余。"⑥

乾隆帝立颙琰为皇太子之后，将"继德堂"额赐给他。继德堂位于整个毓庆宫院落的北边，前为毓庆宫，又前为惇本殿⑦。其实，在紫禁城之外的避暑山庄原本就有个继德堂，是避暑山庄松鹤斋后面的绥成殿，颙琰皇子时期读书之所在。乾隆帝此时又将继德堂额赐给皇太子颙琰，也是大有深意，他希望颙琰继承他的君德，能够做到勤政爱民，继续当一个有为之君。嘉庆元年（1796），嘉庆帝作《继德堂斋居》一诗："命名继德义深长，敬述寸衷刻不遑。斋宿季秋临禁阁，那居永夏驻山庄。额同境异心无逸，德薄位尊体自强。庭训日聆凛遵守，诞敷仁

---

① 味馀书室诗文选原序《味余书室全集定本》，海南出版社，2000年。
②《清史稿》卷二一四，列传第一，仁宗孝淑睿皇后。
③《清仁宗实录》卷一，第67页，中华书局，1986年。
④《清高宗实录》卷一四八六，乾隆六十年九月辛亥条。
⑤《味余书室全集定本》第二册，第248页，海南出版社，2000年。
⑥《味余书室全集定本》第二册，第251页，海南出版社，2000年。
⑦《清仁宗御制诗》第一册，《故宫珍本丛刊》第386页，海南出版社，2000年。

寿遍遐方。"① 诗注中，嘉庆帝阐明了继德堂匾额的来历，"避暑山庄父皇赐书，所居堂额亦名继德"，还诠释了乾隆帝对他寄予的希望，"皇父纪元建号乾隆，乾行至键，备具四德。予仰蒙付托，日聆慈训，惟自强不息，夙夜敬承，翼寰宇同游仁寿尔"。

三 嗣皇帝时期的居所

嘉庆元年（1796）正月，清代著名的授受大典在太和殿举行，太上皇乾隆帝亲自将"皇帝之宝"印玺授予皇太子颙琰，颙琰即皇帝位为嘉庆帝，乾隆帝则尊为太上皇。在整个授受大典的仪式中，皇太子是在毓庆宫被礼部堂官请出，"是日……銮仪卫于太和殿槛内正中设皇太子拜褥……钦天监于前清门外报时，礼部堂官先诣毓庆宫，启请皇太子朝服祗俟"②。

嘉庆帝即位之后，按道理应当住进养心殿，而乾隆帝也按照他之前的打算住进专门为自己建造的皇极殿区域。但是，成为太上皇之后的乾隆帝仍旧住在养心殿，嘉庆帝也仍旧住在毓庆宫。嘉庆四年（1799）正月壬戌，太上皇帝去世，嘉庆帝以上书房为倚庐，席地寝苫，为太上皇帝守孝③。正月壬午，移居咸福宫苫次④。十一月，嘉庆帝正式移居养心殿⑤。从乾隆六十年（1795）直至嘉庆四年（1799），嘉庆帝一共在毓庆宫居住了四年。

众所周知，太上皇帝乾隆帝并没有在禅让之后放权，所有军国大政仍由他亲裁。嘉庆皇帝的职责就是聆听圣训和祭祀。面对这一难题，嘉庆帝无能为力，他能做的就是恭聆圣训，继而在读书中排解，而毓庆宫这个院落恰恰成为他躲避烦扰、韬光养晦之所在。这一时期，嘉庆帝的许多诗文都记录了他在毓庆宫的生活，收入御制诗集中的共有三十六首。在这三十六首诗中，嘉庆帝大致表达了四种情感：

第一种，表达了对继承大统的感恩。如嘉庆元年（1796）《新正毓庆宫》："开韶喜气满宫庭，唱发三阳候始青。绮旭徐移瑶砌影，和风静袅御炉馨。辉煌彩胜依椒壁，馥郁唐花透玉瓶。福地承恩毓嘉庆，祯祥敷锡万方宁。"⑥ 嘉庆二年（1797）《新正毓庆宫》："肇岁祥符介祉繁，韶光遍满紫微垣。乾隆敛福锡民福，嘉庆承恩戴昊恩。（予承皇父朝夕训政，并荷苍昊降康，年丰民乐。兹际春祺韶邕，惟益励敬勤，以迓鸿贶。）春布三阳宇宙普，敬孚一念旰宵存。

---

① 《清仁宗御制诗》第一册，《故宫珍本丛刊》第175~176页，海南出版社，2000年。
② 《清高宗实录》卷一四九四，嘉庆元年正月戊申条。
③ 《清仁宗实录》卷三七，嘉庆四年正月壬戌条。
④ 《清仁宗实录》卷三八，嘉庆四年正月壬午条。
⑤ 《清仁宗实录》卷五三，嘉庆四年十月庚子条。
⑥ 《清仁宗御制诗》第一册，《故宫珍本丛刊》第97页，海南出版社，2000年。

熙熙淑景敷清画，东壁长依爱日暄。"① 嘉庆三年（1798）《继德堂述志》："继德诚非易，瞻楣仰父恩。萦心怀众庶，立志法先言。修己新知懋，诘戎旧典存。召和庆斯毓，遵道本须惇。（继德堂前为毓庆宫，又前为惇本殿，皆皇父所赐额，顾名思义，益勉敬勤。）抚育首亲族，绥徕固外藩。九经循实践，凛训寸衷尊。"② 此类诗文共七首。

第二种，对于太上皇的训导坚定不移地遵循。如嘉庆二年（1797）《毓庆宫即事》："庆节备御园，进宫缘祀事。禁垣暖旭辉，丽景中庭萃。毓庆幼时居，蒙养守素志。前岁沐圣恩，斯干肇福地。苞茂咏攸宁，承训一心志。（予幼龄时曾居于此。前岁乙卯夏，皇父重新葺治，是秋九月，予蒙恩旨正储位赐居焉。去岁元正授玺以来，切近趋庭祇聆慈诲，春晖所照，衍庆弥长。）在上不骄矜，常德保厥位。无逸斯有为，思艰可图易。择要首敬天，钦明理深邃。兢业凛难谌，曷敢偶放姿。聆诲日趋庭，惕若寸衷识。景福送绵延，雅化朔南暨。（年例以二月朔坤宁宫祭神，皇父驻跸御园，必先期进宫，以昭禋事，天佑至诚，景福弥劭，声教四讫，莫不尊亲感应，昭然可见。）"③ 诗中的"切近趋庭祇聆慈诲""聆诲日趋庭，惕若寸衷识"均表达了对太上皇训导的遵从；又如嘉庆三年（1798）《毓庆宫敬述》："髫岁曾居此，诗书昕夕吟。敬承皇父泽，钜任勉寸忱。自惭才梼昧，抚字曷克禁。日聆庭训切，绅绎复讨寻。遵循期永久，天恩时懋钦。毓庆应嘉兆，斯干歌失音。"④ 诗中的"日聆庭训切""遵循期永久"均表达了此类情感。这类诗句占比重最大，达到十首。

第三种，对自身修养及治国之道的体会。如嘉庆二年（1797）《继德堂静坐成什》："迟迟昼景日初长，静下书帷玩典章。德礼心符境高远，君师道合意包藏。授时又盼霏甘雨，靖逆渴思殄冠狂。（冬春雪泽优沾，田畴透润，但时届雨水，东作方兴，得应候之雨，于农工更当有益。至郧襄教匪逆首久应俘获，达州匪徒亦当剿净，连日未见军报，跂望喜音，倍为殷切尔。）继德钦瞻御题额，爱民勤政寸衷覆。"⑤ 嘉庆帝在继德堂静坐读书，体会经典中所传达的"师道"及"勤政"的思想；又如嘉庆二年（1797）《继德堂有会》："安安息万缘，至静通幽隐。返照透虚灵，外诱慎牵引。察理公则明，遇事必勤敏。圆镜发容光，磨炼功夫尽。物来无遁形，妍媸为标准。养气纯浩然，观心自平允。善继岂易言，德化乎庶尹。"⑥ 诗中体会了孟子养浩然正气之主张。此类诗文共七首。

① 《清仁宗御制诗》第一册，《故宫珍本丛刊》第200页，海南出版社，2000年。
② 《清仁宗御制诗》第一册，《故宫珍本丛刊》第386页，海南出版社，2000年。
③ 《清仁宗御制诗》第一册，《故宫珍本丛刊》第211页，海南出版社，2000年。
④ 《清仁宗御制诗》第一册，《故宫珍本丛刊》第400页，海南出版社，2000年。
⑤ 《清仁宗御制诗》第一册，《故宫珍本丛刊》第212页，海南出版社，2000年。
⑥ 《清仁宗御制诗》第一册，《故宫珍本丛刊》第219页，海南出版社，2000年。

第四种，是对于自己恬淡读书生活的描绘和体会。如嘉庆元年（1796）《味馀书室》斋宿："韶光度春孟，节候益和喧。斋居临仲月，清跸启御园。书室宜静憩，澄观涤心源。释奠仰至圣，右坛民社尊。承旨致虔祀，主敬恒存存。愿希寸诚格，甘泽春夏蕃。洗兵靖苗逆，润陌耕犁翻。诞敷造化力，丰稔蒙天恩。"[1] 又如嘉庆元年（1796）《初夏味馀书室》："坐爱书斋夏日长，左图右史耐推详。炉烟细袅徐成篆，花气微传淡泪香。性悟鸢鱼皆入妙，心空道术两相忘。三馀静里诚堪味，深惜分阴刻未惶。"[2] 嘉庆二年（1797）《味馀书室宴坐成吟》："别室新开仍旧额，缥缃位置自清便。诗书悦性古今括，民社萦心午夜牵。岂得安闲如昔日，陟怀和乐忆当年。匡床宴坐影成只，壁有瑶琴叹断弦。"[3] 此类诗文有九首。

另外，还有一些诗文记录了当时朝廷内外发生的事件，如除夕夜毓庆宫祭祀，川陕地区的白莲教起义，各省降雨及稼穑收成。此类诗文共三首。

这些诗文中，最多的是表达对太上皇帝坚定不移的遵从和享受毓庆宫书斋恬淡的读书生活，书斋给了他莫大的安慰。其实，也从侧面反映出嘉庆帝在训政期间的处境，也十分符合嘉庆帝谦恭内敛的性格。

四　亲政后的日常临幸之所

嘉庆四年（1799）正月初三日，太上皇乾隆帝病逝于养心殿。十一月，嘉庆帝正式移居养心殿。按照惯例，嘉庆帝移居养心殿之后，毓庆宫亦仍旧由诸皇子居住，毓庆宫由太子宫又变成了普通皇子的宫殿。但是，嘉庆帝另有打算，嘉庆六年（1801），在《毓庆宫述事》一诗的注解中："毓庆宫，系康熙年间建造，为皇太子所居之宫。至雍正年间，皇考及和亲王亦曾居此。乾隆年间，予兄弟及侄辈自六岁入学，多有居于此宫，至成婚时，始赐居邸第，此数十年之定则也。予蒙恩独厚，自乙卯至己未，居此四年。今虽居养心殿，若仍令皇子居毓庆宫，致启中外揣摩迎合之渐，大非皇子之福。敬遵我皇考历年所降之旨，于建储一事，万分慎重，永守勿替。此予留置毓庆宫为几暇临幸之处，意在杜邪心，息诐说，非为游览消遣也。嘉庆辛酉孟春月御识。"[4] 嘉庆帝明确表示毓庆宫不再由诸皇子居住，而是自己"几暇临幸"之处。他的理由是，乾隆帝立他为皇太子后令其居住此宫，如今再令某些皇子居住，会让大臣们妄自揣测

---

①《清仁宗御制诗》第一册，《故宫珍本丛刊》第 104 页，海南出版社，2000 年。

②《清仁宗御制诗》第一册，《故宫珍本丛刊》第 124 页，海南出版社，2000 年。

③《清仁宗御制诗》第一册，《故宫珍本丛刊》第 241 页，海南出版社，2000 年。

④《清仁宗御制诗》第二册，《故宫珍本丛刊》初集卷二九，第 51~52 页，海南出版社，2000 年。

居住在毓庆宫的皇子有嗣位的可能。

嘉庆帝将毓庆宫特殊化，也有效仿乾隆帝的因素。他于嘉庆九年（1804）作《新正重华宫茶宴诸王大学士及内廷翰林等用毓庆宫联句复成二律》："赐筵回辇禁城西，茗瀹三清故事稽。宴启重华敷旧泽，句联毓庆选新题。"[1] 此御制诗记录了嘉庆帝在重华宫茶宴上命诸王大臣以毓庆宫联句，他在诗注中明确表示了"今之毓庆即昔之重华，钦作则而覃继绳，将万祀不忘家法也"。嘉庆十四年（1809）十一月，嘉庆帝正式发布上谕："重华宫本西二所，为皇考高宗纯皇帝潜龙旧邸，诏升为宫，实为吉祥初地……乾隆五十年正月内，经钦奉谕旨'以世世子孙惟当永远奉守，毋事更张。至东五所，为年少皇子、皇孙等公共所居，若照重华宫之例另行兴建，不特宫墙四周别无隙地可以扩展，亦非朕垂示后昆之意'。……朕从前为皇子时所居之处，如东华门内撷芳殿之中所，宫内之东头所、二所，福园门内之西北所，现在即仍准皇子等在彼居住。惟毓庆宫，系朕于乙卯九月仰蒙皇考高宗纯皇帝敕立皇太子后于是年十一月特命由撷芳殿移居，并蒙赐启继德堂，锡福凝祥，始基于此。迨丙辰元旦，寅承大宝，训政三年，朕尚在此宫居住，是则非东五所诸屋可比。是以自嘉庆四年（1799）之后，略加修葺，以备几余临莅，不复令皇子辈居住，所以杜中外揣摩之渐……将来衍祥绍庆，我子孙有如朕之躬沐鸿麻，敕立于皇太子者，则仍可居住此宫，用昭燕翼。著将此旨交上书房敬谨存记，并载入宫史续编，世世遵守。"[2] 嘉庆帝表示重华宫为高宗纯皇帝的"吉祥初地"，而毓庆宫同样是嘉庆帝的"锡福凝祥"之处，只有将来被敕立为皇太子的人可居毓庆宫。

亲政之后的嘉庆帝虽然住在养心殿，但是他时时刻刻不忘毓庆宫里的时光。随着嘉庆一朝政治日趋腐败，官场积弊重重，川陕楚白莲教起义，湘黔苗民起义，嘉庆帝面临重重困难，他常常在毓庆宫读书、忆旧、感叹时事、探索治道，这些都在他的诗文里得以体现。从嘉庆帝亲政直至嘉庆朝结束，他写了大量有关毓庆宫的诗文，收录到他御制诗集中的共有九十四首。其中，有的是在毓庆宫、继德堂或味馀书室忆旧、感怀岁月的流逝，有些是怀念恩师朱珪，更多的是感叹为政之难、探求匡救时局之道。毓庆宫是他在困境中缓解压力的地方。

如嘉庆十五年（1810）《毓庆宫作》："髫龄即居此，承恩又三年。昕夕叨训政，倏度如云烟。感深末由报，考泽笔莫宣。已臻五十纪，儿孙绕膝前。斯宫诚福地，前修益慎旃。"[3] 在诗里，年逾五十、儿孙绕膝的嘉庆皇帝在毓庆宫中回忆起了往事；嘉庆十八年（1813）《毓庆宫忆昔》："幼龄居此十余春，诵读诗书期日新。名定青宫荷天眷，地依紫禁拜恩纶。趋庭温清仅

① 《清仁宗御制诗》第二册，《故宫珍本丛刊》第381页，海南出版社，2000年。
② 《清仁宗实录》卷二二〇，嘉庆十四年十一月癸亥条。
③ 《清仁宗御制诗》第四册，《故宫珍本丛刊》第222页，海南出版社，2000年。

三载，省岁暑寒度五旬。赤子心存守不失，一言全括止于仁。"①嘉庆帝常常回忆起自己在毓庆宫读书的时光，在他的许多诗句里都会有类似于"幼龄居此十余春"的句子。诗中他说自己虽然渐渐老去，但是仍然保留着当年在毓庆宫读书的"赤子心"。在毓庆宫的这段光阴是他一生都留恋的岁月。

同时，毓庆宫也会让他想起自己的老师朱珪。嘉庆十二年（1807）《味馀书室有感》："石君题额昔年居，毓庆新迁兄代书。一别椎心成万古，半生得力在三馀。永思雅诲衷时勉，每抚遗笺意不舒。念典尊闻敷政治，绛帷讨论庶无虚。"石君是朱珪的字，嘉庆帝经常称他"石君先生"。当时朱珪已去世，嘉庆帝在味馀书室读书，想起书室之名还是由恩师所题，并回忆起了当年与师傅在书斋讨论学问，师傅"时时以勤学相勉"，使他一生收益良多②。他一生都谨记朱珪的教诲，如嘉庆十九年（1814）《味馀书室》："书室新堂东，味馀仍旧额。旧学恐荒芜，新知未增益。境界迥不同，心源不敢易。几馀翰墨亲，乐志味简册。修业无已时，奚可中道书。常守石君箴，分阴勿虚掷。"③他把朱珪的教诲牢记在心，不浪费每一寸光阴。

国库空虚、吏治腐败、社会动荡，这是乾隆朝遗留给嘉庆一朝的难题。嘉庆七年（1802）作《继德堂静坐自述》："皇考赐额勉小子，堂颜继德凛顾諟。日勤庶政总纷纭，直省积习多萎靡。况兼戎马尚奔驰，六易暑寒患未弭。难酬遗志咎益深，风木兴悲曷能已。吁天除劫福万民，仰望云霄衷敬俟。"④在诗中，嘉庆帝一人独坐继德堂，想到乾隆帝赐他"继德"作为堂号的深意。而面对目前各省的积弊，官场萎靡不振，对外一直在进行剿灭白莲教和天地会的军事行动，这些都让他深感压力重重并十分自责，写下了"咎益深""曷能已"的句子；嘉庆十二年（1807）作《继德堂》："圣泽久覃敷，小子愧难继。风俗渐虚浮，务末忌本计。吏治总懈疲，遇事多迟滞。自省皆予愆，临御众所系。仁厚不知恩，失宽以猛济。感荷考渥慈，敢不自奋励。"⑤他在诗注中说道："我皇考圣德覃敷，化成久道，当年以继德命斯堂，所以牖启予小子以迪德也。乃自临御以来，予则时时刻励，事事敬勤，勉副考慈付托。而风会所趋，吏治尚多疲懈，奚可不加以整饬，儆以法程，庶期转移弊俗，治效明良然。予惟自省愆尤，责人以恕，尔诸臣何以未亮予心而忍不共相砥砺耶，殷然憬念奚著于篇。"诗中的嘉庆帝仍以"继德"堂号自勉，看到积弊重重的国家，他自省的同时也责备诸臣不与他"共相砥砺"。

嘉庆朝政治危机的产生是诸多方面造成的，但是，嘉庆帝因循守成的指导思想却是一个

---

① 《清仁宗御制诗》第五册，《故宫珍本丛刊》第215页，海南出版社，2000年。
② 《清仁宗御制诗》第三册，《故宫珍本丛刊》第321页，海南出版社，2000年。
③ 《清仁宗御制诗》第五册，《故宫珍本丛刊》第330页，海南出版社，2000年。
④ 《清仁宗御制诗》第二册，《故宫珍本丛刊》第103页，海南出版社，2000年。
⑤ 《清仁宗御制诗》第三册，《故宫珍本丛刊》第328页，海南出版社，2000年。

重要的方面。他缺乏大胆变革的魄力，始终遵循前朝旧制。这一思想在他的诗文中有明确的表露。如嘉庆十一年（1806）四月作《毓庆宫》："图治凛守成，心感考恩厚。昕夕实不遑，大业身敬受。遵训继谟猷，为政务持久。正已建皇中，承先复启后。庶官勉忠诚，弼予茳九有。艰哉慎满盈，仔肩殚荷负。"①嘉庆帝对此诗作了注解，阐发其为政之难：人皆知创业之难，却忽略守成之难，守成之君一刻不可忘先朝典谟，唯日以前人之心为心，前人之政为政，孜孜矗矗。嘉庆帝在这里的"以前人之心为心，前人之政为政"充分概括了他的守成思想；嘉庆二十三年（1818）作《继德堂》："考恩心永戴，典则敬遵循。治未臻三代，年将届六旬。承基钦广大，继德勉敷申。修已日勤政，衷期风俗淳。"②嘉庆在诗注中说道："予仰荷皇考厚恩，寅承大统，于今二十有三年，开岁已届六旬，夙夜勤求。时怀继序。敬念皇考六十余年深仁厚德，浃洽寰区。凛绍承之非易，恐上理之未臻，唯有恪遵典则，永固丕基，毋敢怠遑，自强不息，以期风俗淳美，用副眷贻之重云。"表达了他永遵前朝旧制的为政特点。

嘉庆帝的守成思想固然是清朝中后期国势转衰的一个原因，但是嘉庆帝仍不失为一位尽责的皇帝，如嘉庆二十五年（1820）作《知不足斋》："学记垂法言，勉励进修志。鲍氏额斋名，藏书万卷置。沿旧题芸楣，予别有取意。德薄化俗难，未可言平治。官僚半因循，虚浮鲜实事。不足念在兹，知愆衷自志。（学然后知不足，其言是已。然帝王之学，与儒生迥异，不独以博综典籍……本心法为治法。举凡人心风俗之原，吏治贤能之实务使日臻，上理明作有功，方尽元后斯民之责。予夙夜念兹，未能自慊衷怀。铭志曰：笃不忘题额之意，固在此而不在彼也。）"③这首诗是嘉庆帝在他人生的最后一年中写作的，体现了嘉庆帝性格中的谦恭与为政作风的勤勉。

五 结 语

在嘉庆帝人生的每个阶段似乎都离不开毓庆宫，毓庆宫是他皇子时代读书之处，是他作为储君的太子宫，是他在训政期间逃避烦忧、怡情排解之处，也是他亲政后闲暇临幸之所，他对毓庆宫有十分深厚的感情，他一生创作了大量以毓庆宫为主题的诗句，或享受书斋生活，或怀念旧时岁月，或感叹为君之难。这座院落对于他而言，充满着巨大的能量，带给他无限的慰藉，嘉庆帝一生与毓庆宫结下了不解之缘。

① 《清仁宗御制诗》第三册，《故宫珍本丛刊》第208页，海南出版社，2000年。
② 《清仁宗御制诗》第七册，《故宫珍本丛刊》第116页，海南出版社，2000年。
③ 《清仁宗御制诗》第七册，《故宫珍本丛刊》第301页，海南出版社，2000年。

同治朝平定奉天"匪患"的外部力量

李大鹏　庄　策

沈阳故宫博物院

　　清朝自道光末年始，清廷在奉天的统治面临着各种"内忧"与"外患"。这其中以各类"匪患"的大规模爆发尤为严重，而爆发在同治朝发生的一系列"匪患"，以其地域广、人数多、剿灭难、破坏力强等特点最为典型。

　　清廷在奉天面对如此严重的"匪患"不得不采取一系列措施来摆脱危机，除延续过去整治奉天内部机构，更是调派了多方外部力量介入。而正是这些外部力量的介入，才使得清廷在面对同治年间奉天发生的多股大规模"匪患"时，能够积极采取各种措施对其进行平定，这些外部力量在平定奉天"匪患"过程中发挥了极为关键的作用。

一 道光、咸丰朝奉天"匪患"情况

　　清末奉天"匪患"始于道光末年，此时"匪患"爆发的地域范围较小，主要爆发地区集中于奉天南部及沿海地区，贼匪一般利用有利于窝藏的地形对临近居民及沿海商船进行"窃掠"。其中，以复州"回匪"①及盖平、复州、金州等地"海盗"②最为典型。

至咸丰年间，奉天"匪患"开始蔓延。其中，以白凌阿为"盗首"的"盗匪"最为猖獗。白凌阿本系东荒蒙古人，早年与王达、刘珠等人主要在朝阳地界与官府对抗③。自咸丰十一年（1861）起，白凌阿伙同王五等人开始在奉天境内活动，"有贼二三百人，指称系盗首白凌阿带领进边，至义州城北三十余里之高台子地方盘踞，旋窜至闾阳驿意图焚抢"④。由于白凌阿经常"越境滋扰"，因此，多省官兵联合"剿匪"成为必要。清廷于是在白凌阿经常活动的热河、奉天、吉林、蒙古等省进行"一体兜剿"。至同治元年（1862），白凌阿面对多省官军的"协剿"不得不与其同伙逃窜至昌图⑤。

奉天作为清廷的"根本重地"，从道光末年开始到咸丰年间，不仅内部出现了社会治安"盗风日炽"，匪贼"肆行无忌"的情况，还不得不面对来自外部海上、热河、吉林、蒙古等地区"窜匪"的"越境滋扰"。同时，对于奉天内部出现的"捕务废驰"等吏治弊端，也没有得到很好的解决。于是，同治年间奉天大规模"匪患"的爆发也就成了必然。

二 同治朝奉天"匪患"严重

同治年间，奉天"匪患"开始全面爆发，无论从爆发范围、参与人数、破坏程度都是前所未有的。第一，从爆发范围上看，奉天东西南北各处，"均有聚股成队之贼"。第二，在参与人数方面，与道光、咸丰两朝的数十人为一伙相比，同治朝经常出现几百人甚至千人为一伙的"股匪"。第三，在破坏程度方面，也远超道光、咸丰两朝。多股贼匪不仅仅局限于劫掠行旅及附近乡民，还将目标对准了皇家陵寝，甚至几股较有实力的贼匪更是直接对抗官军，以致官军伤亡较大。

同治年间的"匪患"大致可以分为东、西、南、北四路。其中，以北路开原、铁岭、昌图以及与吉林交界等处"匪患"尤为猖獗。开原、铁岭作为东三省内部的交通要道，"行旅"之

①《文宗显皇帝实录》（一）卷四，第103页，中华书局，1986年。

②《文宗显皇帝实录》（一）卷二一，第305页，中华书局，1986年。

③ 周铁铮、孙庆璋、沈鸣诗等：《中国地方志集成·辽宁府县志辑·民国朝阳县志》卷三三，第545页，凤凰出版社，2006年。

④《穆宗毅皇帝实录》（一）卷一四，第372页，中华书局，1987年。

⑤ 王景泽：《李凤奎举事与清同治年间东北之乱》，《辽宁师范大学学报（社会科学版）》2014年第一期。

人众多，因此，贼匪大多结伙盘踞在道路周围进行劫掠。除奉天本省内部贼匪，也存在大量来自吉林"三姓地方"[1]、东山等外部"窜匪"。

东路"匪患"主要集中于兴京以及与朝鲜临近地区等地。兴京地区的"匪患"主要以外部"窜匪"为主，同时，由于城东地形峰峦绵亘、商户众多，使得此地成为各路"窜匪"劫掠的主要地区，尤其以新兵堡处马匪最为猖獗。不仅进行"焚掠"等行为，更是对皇家陵寝（永陵）进行侵扰。同治四年（1865）这两次发生在兴京地区的"匪乱"不仅使民间惊恐，更使得一向将兴京视为重地的清廷大为震惊。为此，朝廷不仅将疏于防匪的旗民地方官革职，更是增添了马匹和蓝翎长对兴京进行布防，足可见清廷对于兴京"匪患"的重视程度。

因与朝鲜临近地区往来行人众多，鸭绿江附近一直以来都是贼匪聚集的地区。这一地区的"匪患"主要以聚居在鸭绿江附近的当地贼匪以及小股窜匪为主。晚清以来，两国"边禁荡驰"，经常出现聚居在鸭绿江附近的当地贼匪抢劫过往行人的情况。小股窜匪主要以"伐木匪民"及"船匪"等流动性的贼匪为主。虽然以上发生在与朝鲜临近的地区的"匪患"在规模和破坏力方面有限，但因其涉及中朝两国越境、朝贡、海防等一系列外交事件而备受清廷的重视。

奉天省南部临近大海，南路"匪患"主要是由海上流入的"盗匪"为主。同时，由于牛庄作为奉天"财赋之地"和通商口岸，因此，此地成为奉天南路"匪患"最为猖獗的地区。其中，同治五年发生的以牛庄为中心的"兵匪之战"[2]影响最大。

奉天西路"匪患"主要集中于广宁小黑山等处，西路"匪患"中存在着许多股被官军击溃后的"余匪"，其中以单家五台子等处"余匪"[3]最为典型。除上述大股"盗匪"与小股"余匪"并存，奉天西路"匪患"最大的特点是难以根除。第一，奉天西路距离关内较近，极为容易受到关内"窜匪"的骚扰。第二，此区域范围面积辽阔，"贼匪"极为容易藏匿。第三，此路清廷防务比较空虚。以上原因使得奉天西路"匪患"成为各路中最难以根除的一路。

① 中国第一历史档案馆编：《清代档案史料丛编·第十一辑·同治年间东北人民反清斗争史料》第117页，中华书局，1984年。

② 陈荫翘、常守陈等：《海城县志》卷二，第285页，海城县公署县志馆，1936年。

③《穆宗毅皇帝实录》（五）卷一七四，第142页，中华书局，1987年。

三 奉天平定"匪患"存在的问题

（一）奉天剿匪 军纪涣散 官员腐败

为了应对日益严峻的奉天"匪患"状况，从道光末年开始，清廷就开始采取措施。道光二十四年（1844），添设"盛京捕盗弁兵"并规定"捕盗弁兵章程八条"①。从其中相关改进奉天内部剿匪力量的规定方面不难看出，道光末年，奉天内部剿匪部队已经出现了军队纪律涣散、战斗力差、马匹装备短缺、捕盗范围受限等诸多问题。

奉天内部力量除上述剿匪部队出现的问题，奉天地方政府负责"捕务"的官员也存在着严重的腐败问题。其中，在道光末年奉天匪患并未广泛爆发时就出现了奉天官员收受贿赂为贼匪开脱的情况。据《清实录》记载："署岫岩厅通判刘荣桂为巨盗梁洪春等，行贿开脱。"②除腐败问题，咸丰年间，奉天地方相关剿捕官员多次出现"不认真剿办""不肯认真办理""并未认真会合兜剿"等懈怠情况，其中以平定"白凌阿之乱"最为突出，史料记载："盗匪白凌阿等人数无多，玉明等派兵剿办。数旬以来，未能蒇事，总由不肯认真办理，殊为可恨。"③同治年间，随着奉天"匪患"的大规模爆发，奉天内部"积习相沿"的吏治问题日益凸显，以致在同治初年奉天原有机构已经不足以满足平定"匪患"的需要。于是，清廷不得不开始对奉天内部机构进行增添，同治三年（1864），设立"奉天狱局"，"据称奉省积案之多，由于奏交咨交及省控各案均委治中粮厅承德县三处审办。该员等本任政务已属殷繁，不免顾此失彼，是以愈积愈多，现拟另设狱局。择候补中听断优长者，分案审理，并拟将委审各员分别奖惩"④。与此同时，为了解决奉天省内州县管理范围辽阔、"捕役"严重不足的情况，清廷决定派遣"旗属捷捕营兵"与地方相关机构一起进行"捕务"行动⑤。

奉天内部力量的问题不仅存在于上层官员之中，还存在于一线作战剿匪部队之内。首先，为捡拾平定"匪患"后贼匪所留财物而致作战由胜转败的情况不时发生。以平定"东路托伙洛等处贼匪"为例，"据称奉省东路托伙洛等处贼匪窜至大辋子沟八家子一带滋扰，经协领恩科带兵追剿仅毙贼数名，旋为另股贼匪冲突失利，军械失落，所获炮车复被贼匪夺回……队伍纪律均须约束严明，切不可贪贼所遗财物致为所乘，恩科之由胜而败玉明等当引为前车之

---

① 《宣宗成皇帝实录》（七）卷四〇九，第 137~138 页，中华书局，1986 年。
② 《文宗显皇帝实录》（一）卷二一，第 305 页，中华书局，1986 年。
③ 《穆宗毅皇帝实录》（一）卷一五，第 424 页，中华书局，1987 年。
④ 《穆宗毅皇帝实录》（三）卷一〇二，第 240 页，中华书局，1987 年。
⑤ 《穆宗毅皇帝实录》（三）卷一〇二，第 240 页，中华书局，1987 年。

鉴"①。其次，剿匪部队战斗力较差，甚至常出现让贼匪以少胜多的情况。同治四年（1865），协领恩科平定开原城西古城子明安碑等处小股贼匪时，"协领恩科等由明安碑渡河往击，未及渡齐，为贼所乘，陷于水淖，器械多失。该协领统兵七百余名遇百数十名之贼，遽至败衄，虽属不识地利，其懦弱无能亦可概见"②。最后，奉天原有兵力严重不足，在平定"匪患"的过程中，经常出现"练兵无多，不敷派剿"的情况。在后期平定匪患的过程中，奉天部队只能集中于各路重点防御地区，并不能全面进行剿匪活动，"该省新民屯及兴京之新兵堡，义州之清河门，开原之法库门，岫岩之大孤山等处虽有兵队驻扎，而顿兵一处，贼仍得以乘闲肆扰"③。因此，贼匪仍有机可乘。

（二）联合"剿匪"

因"贼匪"流窜越境，早在咸丰年间，开始联合"剿匪"。其中，以"捕剿盗匪白淩阿"最为典型，"吉林热河均与奉天毗连，自应三面兜拏……其蒙古各王旗已谕知理藩院严谕一体协剿"④。清廷在咸丰年间对多省联合剿匪已经高度重视。同时，为了避免贼匪"越境"逃脱，使得剿捕责任不明确，清廷特意明确了责任主体为盛京将军，"各派官兵协同搜捕不准各分畛域，稍有推诿，傥至阑入吉林热河境内亦唯该将军等是问"⑤。

至同治年间，随着奉天"匪患"的大规模爆发，几省联合剿匪的情况多次出现。因为奉天北部开原、铁岭、昌图等地既与吉林地理交界，又是"匪患"高发地区，这使得奉天与吉林两省联合剿匪成为常态。首先，在同治二年（1863），为防止吉林省三姓地方"流匪"葛城滦南窜，奉天地方已经做好了与吉林及黑龙江两省一同"兜剿""戒备"的准备。据档案记载："吉林三姓与昌图毗连，该匪业经南窜，设被阑入，盛京根本重地，又复吃重。著玉明迅即豫派得力将弁，督带兵练，实力扼剿，与吉林、黑龙江官军会合兜拿，一鼓歼除，毋留余孽。"⑥其次，奉天、吉林两省联合行动开始于同治三年（1864），为了彻底清剿藏匿在奉天北部地区包括"滚地雷王五余党""余匪乌痣李""首逆王五余党"在内的几股残余"匪患"，这几股"匪患"主要活动的范围在与吉林省界临近的"昌图偏脸城""奉天属界围场等处"，因此，奉天、吉林两省必须"无分畛域，实力掩捕"。最后，同治年间，奉天、吉林两省联合剿匪频率不断

①《穆宗毅皇帝实录》（四）卷一四七，第441页，中华书局，1987年。

②《穆宗毅皇帝实录》（四）卷一五〇，第511页，中华书局，1987年。

③《穆宗毅皇帝实录》（七）卷三四〇，第484页，中华书局，1987年。

④《穆宗毅皇帝实录》（一）卷一四，第373页，中华书局，1987年。

⑤《穆宗毅皇帝实录》（一）卷一五，第424页，中华书局，1987年。

⑥ 中国第一历史档案馆编：《清代档案史料丛编·第十一辑·同治年间东北人民反清斗争史料》第118页，中华书局，1984年。

上升。仅在同治四年（1865）至六年（1867）间，就为剿灭"乌痣李""周荣""吉林围城匪众""王作幅""张金、刘占鳌"等多股"匪患"而进行多次"会合夹击"。

除上述奉天、吉林两省，奉天、热河两省也在同治年间进行了联合剿匪。其中，以同治十二年（1873）进行的"兜剿哈立套力改地方股匪"最为成功。其采取战略是，以奉天官兵中途截击"股匪"家属，而后热河官兵"焚毁贼巢"，最后进行两省兜剿。《清实录》记载："该匪窜回靠边屯，将其家属送往宾图王旗藏匿。复被奉省官兵中途截击，热河马队焚毁贼巢，沿途追杀，捡获悍党屈幅溃等正法，剿办尚为得手。"①

尽管奉天当地政府专设机构，增加兵力，因奉天内部存在诸多问题导致剿匪并没有取得显著成效，同时，两省交界处"匪患"流动性大，清廷对于多省联合剿匪寄予很高的期望，"一面督饬该地方文武认真缉捕，务期就地殄除，净绝根株，不得纵令旁窜，致滋蔓延"。②同时，为彻底根除匪患，奉天政府不得不借助外部力量来平定匪患。

四 外部力量平定奉天"匪患"

同治四年（1865），徐占一等股匪闯入兴京。为消除匪患，除上述的吉林、热河官兵外部力量，清廷决定借助洋枪队、黑龙江马队、蒙古官兵等几支外部力量，增加剿匪兵力。清廷认为，"计惟有天津所练之洋枪队及神机营所练之威远枪炮各队，并在京练习之吉林黑龙江各队均曾经行阵，颇有纪律，堪以调用"③。

（一）驻防为主的天津洋枪队

天津洋枪队成立于同治元年（1862），由时任兵部侍郎兼三口通商大臣崇厚奏请设立。最初，在大沽协标六营官兵内挑选组成一营，后经过历年增添，最终，共计兵力 2500 名。据《重修天津府志》记载："洋枪队，同治元年（1862）兵部侍郎三口通商大臣崇厚奏设，初由大沽协标六营官兵内挑选五百名为一营，后历年添练分为五营，共兵丁二千五百名。"④天津洋枪队在成立初始，其职责主要是为了守卫天津大沽海防。后来，随着国内局势尤其是北方地区"匪患"日益猖獗，加之清廷各地兵力有限，天津洋枪队逐渐成为一支镇压"匪患"的重要力量，进而，"绥靖地方也就成为天津洋枪队的重要使命"⑤。

---

① 《穆宗毅皇帝实录》（七）卷三五七，第719页，中华书局，1987年。
② 《穆宗毅皇帝实录》（五）卷二一二，第756页，中华书局，1987年。
③ 《穆宗毅皇帝实录》（四）卷一五六，第547~648页，中华书局，1987年。
④ 沈家本、荣铨：《重修天津府志》卷三六，第39~50页，光绪年间重修。
⑤ 叶开峰：《评天津洋枪队的创设、发展及裁编》《长春工业大学学报（社会科学版）》2006年第三期。

天津洋枪队在介入平定奉天"匪患"的初始于同治四年（1865），由于奉省官军在平定来自辽阳的贼匪过程中接连失败，使得清廷不得不调派外部力量进行平定行动。但此次平定"匪患"的行动中，主要调用的是吉林黑龙江马队，"此次股匪由辽阳州属之碱厂地方，窜至距奉天省城二十五里之王大人屯，官兵接仗失利……奉天额设官兵不敷调拨，自应添调客军以资攻剿。该署将军请调之神机营训练吉林黑龙江马队一千名，并备调之洋枪队一千名"①。天津洋枪队仅仅被当作"备调"。

同治四年（1865），天津洋枪队真正介入平定奉天"匪患"始于调其防护营口。一方面，因为营口作为奉天财政要地，同时，也是各国商人的聚集之处，不容有失；另一方面，营口也是奉天兵力单薄之处。因此，清廷决定将天津洋枪队调入营口进行防护，"拟将天津候调之洋枪队兵一千名，先行移缓就急酌量拨派等语。设沟营为奉省财赋之区，久为贼所窥伺。且该处为各国洋商聚集之所，或有疏虞必至藉口亏折另生枝节。亟应豫筹堵御，以遏逆氛。即着照该衙门所拟，将此起候调之洋枪队拨派五百名驰起营口扼要驻扎，以资保卫。其余五百名仍着崇厚备齐"。②

天津洋枪队在平定奉天"匪患"过程中，最大的特点就是频繁调动。天津洋枪队最初在奉天的主要作用在于"保护营口之用"，但随着奉天"匪患"整体形势的变化，天津洋枪队也随之调动到各个地方。首先，在同治四年（1865）十二月，为防止奉天"匪患"与关内"匪患"相通，"宁远所属中后所为山海关门户，请调洋枪队兵防守……已三次调派出师，至一千五六百名之多"③。天津洋枪队被调驻守"宁远所属中后所"。其次，在同治五年（1866）三月，又将天津洋枪队"调赴兴京防守"，"前调天津洋枪队本为保护营口之用，嗣因奉省紧要，经文祥等奏调赴兴京防守。着文祥等悉心酌度，如兴京无事即将春霖所带洋枪队五百名调赴营口，仍另拨得力将弁迅速往援"④。因牛庄几乎在同一时间被"马匪"攻占，所以清廷不得不将天津洋枪队重新"调赴营口"。最后，在同治六年（1867），由于辽阳与海城等地有匪徒进行"演习邪教""煽党滋事"等活动，加之"省城练兵无多，不敷派剿"。因此，奉天方面请求清廷"暂留"洋枪队备剿。

除上述正常的驻防调动，天津洋枪队的撤与留一直是清廷面临的一个艰难选择。早在同治四年（1865），清廷计划将天津洋枪队调驻奉天之前，"天津洋枪队，虽亦可用，而东豫军务

---

①《穆宗毅皇帝实录》（四）卷一五八，第679页，中华书局，1987年。

②《穆宗毅皇帝实录》（四）卷一六〇，第715页，中华书局，1987年。

③《穆宗毅皇帝实录》（四）卷一六二，第754页，中华书局，1987年。

④《穆宗毅皇帝实录》（五）卷一七三，第120页，中华书局，1987年。

未竣，畿南之防未可稍懈，似须留津备调"①。考虑到关内"东豫""畿南"等地亦需部队驻守，对天津洋枪队被派往奉天一事就持谨慎态度。到同治六年（1867），由于奉天"匪患"暂时得以缓解，崇厚奏请清廷将驻奉的天津洋枪队500余名及五行阵兵500余名撤回天津。同时，计划由天津镇总兵春霖具体安排，取道海路撤防部队，"所有备防奉省之通永镇洋枪队兵五百余名及天津镇五行阵兵五百余名，著都兴阿迅将此项弁兵交署天津镇总兵春霖管带，取道营口乘船从海道至天津，由崇厚随时调拨"②。但由于同年爆发的"辽阳匪徒滋事"使得奉天"匪患"形势再一次变得严峻起来，随之，计划撤防的天津洋枪队也不得不"俟辽阳肃清"后才能回津。

综上所述，介入平定奉天"匪患"的天津洋枪队其主要职责在于驻防营口、宁远所属中后所、兴京等重点布防地域，并没有真正意义上参与实际的剿匪作战。随着，辽阳"匪患"的肃清及奉天整体形势的好转，天津洋枪队也理所当然地撤回了天津。

（二）问题重重的黑龙江马队

同治年间，黑龙江马队介入平定奉天"匪患"的行动始于同治四年（1865）十二月，此时，奉天"马贼蜂起"，尤以北路的开原、铁岭等处为甚。黑龙江马队由于地理位置靠近奉天北路，"黑龙江马队虽未可远调，而奉省相距非遥，剿贼事竣即可遣撤。著宝善迅速挑选精壮马队一千名，派员管带前赴奉省"③。因此，黑龙江马队成为清廷调派的选择。此次调派主要是为了清剿进犯乌拉的"股匪"，因为此处距离吉林较近，所以黑龙江马队就近而被调派乌拉防剿，"以救眉急"。而后，为了彻底清剿乌拉股匪，黑龙江马队、吉林厅所属官军以及伯彦讷谟祜所统蒙古官兵对其进行了三面会剿，"博崇武、定安等军已陆续由长春厅进援吉林，著即与伯彦讷谟祜及黑龙江马队三面会剿，迅殄贼氛"④。

从黑龙江马队介入平定奉天"匪患"始，黑龙江马队就出现了各种问题。首先，在计划调遣人员方面出现了官兵人数不足，进而导致"尚恐不敷调遣"的情况，"前请调吉林、黑龙江马队官兵九百余员名，业经有旨令神机营王大臣派赴奉省。兹据醇郡王奏，此项官兵除伤病外，止八百余员名尚恐不敷调遣"⑤。其次，黑龙江马队在行军途中出现了马匹"倒毙疲乏"的情况，"派出吉林黑龙江马队官兵所乘马匹，间有倒毙疲瘦。业由神机营挑选更换，其不足之数或沿途续有倒毙疲乏，请饬锦州副都统在大凌河马群内更换挑补。著庆春即于大凌河马群

---

① 《穆宗毅皇帝实录》（四）卷一五八，第689页，中华书局，1987年。
② 《穆宗毅皇帝实录》（五）卷二〇四，第627页，中华书局，1987年。
③ 《穆宗毅皇帝实录》（四）卷一六四，第786页，中华书局，1987年。
④ 《穆宗毅皇帝实录》（五）卷一六八，第52~53页，中华书局，1987年。
⑤ 《穆宗毅皇帝实录》（四）卷一五八，第689页，中华书局，1987年。

内，挑选膘壮马匹，以备更换，不准以疲乏充数"①。为了保证马队的战斗力，清廷责成相关机构在"大凌河马群内更换挑补"。再次，在同治五年（1866）进行的剿办乌拉"股匪"的过程中，"闻黑龙江兵丁，近多吸食洋烟者传染日深，关系非细，请饬禁止等语。著宝善于所属各城严加禁止，务期一兵得一兵之用，不至日就颓废。奉天吉林官兵内，如有沾染恶习者，亦著福兴、德英，一体严禁，有犯必惩。俾得振刷精神，悉成劲旅"②。由此可知黑龙江马队"吸食洋烟者"颇多，影响很坏，清廷要整治黑龙江马队，防止吉林以及奉天官兵沾染吸烟恶习。最后，由于"黑龙江马队官兵驻奉年久"，这使得黑龙江马队出现了一定数量的"不得力者"，为了保证黑龙江马队的战斗力，清廷不得不在同治十三年（1874）、光绪五年（1879）等，多次对一部分"不得力者"进行"遣散"③。同时，更换"疲乏官兵，以资得力"。

光绪末年，黑龙江省内形势急剧恶化。据《黑龙江通志纲要》载："光绪末年之蒙匪、俄匪勾结为患，剿抚尤称两难。至光绪二十六年庚子之役，俄陷省城。三十年日俄之役，俄军借道。兵祸之深更不忍足卒述矣。"④因此，包括黑龙江马队在内的黑龙江各队必须将主要精力放在本省防务。

（三）战功赫赫的蒙古官兵

蒙古官兵最早介入平定奉天"匪患"的行动中，始于咸丰末年至同治初年发生的以白凌阿为盗首的叛乱。"盗匪白凌阿带领匪众二三百人窜至义州境内，经官兵捕剿，向东窜逸，请饬蒙古各王旗派兵协剿各等语。盗匪白凌阿胆敢纠众抗拒官兵，若不迅速剿除，必至养痈贻患……著理藩院由六百里传谕卓索图、哲里木蒙古各王旗，一体派兵协同堵剿。使该犯无立足之处，即可歼除净尽。"⑤由于以白凌阿为首的"匪众"在义州受到了奉天官兵的捕剿，致使白凌阿及其余党"窜入蒙古"。因此，清廷为了将这股匪患"歼除净尽"多次命令蒙古各王旗派兵协剿。

在介入平定奉天"匪患"的蒙古各王旗中，以科尔沁亲王伯彦讷谟祜战功最为显赫。同治四年（1865）十月，清廷派伯彦讷谟祜"行抵"科尔沁，挑选"得力蒙古兵丁"。一方面，"扼要驻扎"；另一方面，"遇有奉天热河等处马贼窜入蒙古地方，协同剿办。并传知蒙古各旗王

① 《穆宗毅皇帝实录》（四）卷一五八，第690~691页，中华书局，1987年。
② 《穆宗毅皇帝实录》（五）卷一六八，第53页，中华书局，1987年。
③ 中国社会科学院中国边疆史地研究中心：《光绪朝黑龙江将军奏稿》上册，第182页，全国图书馆文献缩微复制中心。
④ 金梁：《黑龙江通志纲要》第76页，成文出版社有限公司，民国十四年铅印本。
⑤ 《穆宗毅皇帝实录》（一）卷一四，第372~373页，中华书局，1987年。

公等一体截击，即由伯彦讷谟祜督同各该盟旗商酌办理"①。同时，伯彦讷谟祜还负责与其他蒙古王旗进行协商与监督。

伯彦讷谟祜作战的主要地区集中在昌图所属八面城与吉林交界的区域，其真正参与到平定奉天"匪患"的行动，始于同治五年（1866）正月。为追剿被文祥所率官军所击溃的盘踞在昌图所属八面城的贼匪，伯彦讷谟祜"行抵"奉天昌图，而后"驰援"吉林。清廷令伯彦讷谟祜"督带"哲里木盟官兵一千名对昌图一带进行"察看情形"，同时，敦促乌达盟、郭尔罗斯旗兵、卓索图盟迅速出兵协剿。最后，伯彦讷谟祜还需负责催促蒙古王旗各王公所捐的未到马匹。

伯彦讷谟祜在平定奉天"匪患"的行动中，战功最大的一次是生擒王洛疙疸等三名贼首，"经伯彦讷谟祜督带蒙古官兵驰往昌图，派兵在辽阳窝铺一带追剿。杀贼数十名并将贼首王洛疙疸等三名生捦正法，搜获贼匪三十余名，内有贼首隋同令等十七名一并正法"②。随后，伯彦讷谟祜所率蒙古官兵又会合吉林官兵及黑龙江马队对昌图八面城一带余匪进行彻底清剿。在此次清剿余匪的行动中，伯彦讷谟祜又屡次建功，"伯彦讷谟祜行抵八面城后，马贼避兵渡江而西。经该亲王进击于郑家屯地方，毙贼八九百名，沿途追捕捦斩甚多。另股贼首孙九工等盘踞东沙岭，后经该亲王驰剿，毙匪三百余名，并将贼首赵豁牙等陆续弋获，讯明正法。此次官军以少击众，三日之内，连获大胜"③。除以上战功，伯彦讷谟祜对贼匪的态度也在此次平定奉天北路"匪患"过程中，对清廷的"征剿"与"安抚"政策也产生了一定的影响，坚定了清廷彻底清剿"匪患"的决心，"伯彦讷谟祜所称，贼匪不可轻议招抚，实属深悉弊源。著文祥、福兴、德英、宝善、详审情形，斟酌办理不可轻率收降，致滋后患"④。因伯彦讷谟祜在平定奉天"匪患"中战功卓著，清廷晋升其为御前大臣。

蒙古官军不仅在昌图地区平定"匪患"的过程中战功赫赫，其在同治八年（1869）发生的"凤属贼匪"以及同治十二年（1873）发生的"大孤家子屯股匪"清剿中也有着出色的表现。尤其在追击"大孤家子屯股匪"过程中，"经派出蒙古官兵驰至何家屯地方追击，毙贼多名"⑤。

---

① 《穆宗毅皇帝实录》（四）卷一五八，第645页，中华书局，1987年。
② 《穆宗毅皇帝实录》（五）卷一六八，第52页，中华书局，1987年。
③ 《穆宗毅皇帝实录》（五）卷一六九，第69页，中华书局，1987年。
④ 《穆宗毅皇帝实录》（五）卷一六八，第52页，中华书局，1987年。
⑤ 《穆宗毅皇帝实录》（七）卷三五五，第697页，中华书局，1987年。

五 结 语

同治年间奉天"匪患"的大规模爆发后，奉天原有内部力量的不足之处日益突显。一线作战部队战斗差、兵力严重不足、装备落后、军费短缺、官员腐败等问题接踵而至，仅仅依靠奉天原有的内部力量已经远远不足以平定如此大规模的"匪患"。与此同时"马匪""逸匪""窜匪"等贼匪的大范围"越境"活动以及"匪患"固有的难以根除性等客观外在因素的存在，使"匪患"影响十分恶劣。面对如此严峻的形势，清廷调派外部力量介入平定奉天"匪患"，这成为其不二的选择。

尽管吉林官兵、热河官兵、黑龙江马队、天津洋枪队等外部力量在主观、客观上存在诸多问题，正是这些外部力量介入，给予奉天地区的匪贼有力的打击。特别是蒙古官兵在清剿"匪患"过程中，极为出色、剿匪策略得当，屡建功绩。这些外部力量在对重点区域的防护及对"匪患"的清剿过程中都发挥了至关重要的作用，使得奉天"匪患"严峻形势发生了根本转变。从同治四年（1865）奉天匪患形势"马贼蜂起"到同治六年（1867）的"尚称平靖"，在如此短的时间内能够控制"匪患"蔓延形势，这些外部力量的介入功不可没。使得奉天地区一时免于"匪患"，保得平安。

试论马喇对清廷边疆稳固的作用
——以收复雅克萨、平定噶尔丹战争为例

蔡　琳

沈阳故宫博物院，馆员。

　　马喇（1633—1693），又作玛拉，姓纳喇氏，满洲镶白旗人，清代将领。历经崇德、顺治、康熙三朝，曾任理藩院笔帖式、副理事官，对处理少数民族事务有着丰富的经验，深受康熙帝赏识。在康熙帝收复雅克萨、平定噶尔丹的战争中，马喇建言献策、储备军需、调兵遣将，对战争的胜利起到重要的作用。他协助康熙帝抗击外来侵略、维护领土完整、保障东北边疆安定做出了重要贡献，值得我们深入探索和研究。由于以往的研究中涉及较少，本文拟对其稳固边疆的历史功绩加以评析，不当之处，请大家指正。

一 初立战功

1. 助平姜瓖之乱

　　马喇，理藩院尚书尼堪从子。顺治十七年（1660）尼堪卒，因无子，马喇与叔及弟分袭尼

堪世职，马喇袭三等阿达哈哈番。顺治元年（1644）六月，原明大同总兵姜瓖降清后，虽屡立战功，但清廷崇满歧汉，对其并不信任。姜瓖功高无赏，备受猜疑。顺治五年（1648）十二月，姜瓖自称大将军，据大同反清，史称"戊子之变"。英亲王阿济格率兵平叛，围攻大同，并"令玛拉调蒙古兵以从"①。马喇领令迅速调动蒙古兵，协助阿济格征讨。平叛后，因功"累迁理藩院副理事官"。②

2. 出使蒙古，平定布尔尼之乱

康熙十四年（1675），林丹汗之孙察哈尔亲王布尔尼，乘吴三桂叛乱，畿辅兵力空虚之机反抗清朝。反叛前布尔尼曾派使者游说蒙古各部，策动各旗蒙古王公结盟反清，奈曼部郡王扎木山从叛。因布尔尼是成吉思汗嫡系后裔，与蒙古各部都有着千丝万缕的联系，清廷并不清楚其他蒙古各部是否会从叛。当时清廷大量八旗兵已调拨南方讨伐"三藩"，布尔尼的反叛，使清廷处于十分被动和艰难的境地。蒙古各部的向背特别令康熙担忧，当时蒙古各王公的态度动向对于清廷来说十分重要。

康熙帝在命多罗信郡王鄂扎为抚远大将军，图海为副将军率兵讨伐布尔尼的同时，以马喇"自陈久任理藩院习知蒙古状"③，令其及时前往蒙古安抚各部。马喇奉命携敕书前往。马喇凭借着在理藩院任职三十余年，对蒙古各部情况十分了解的优势，出使蒙古，为稳定局势、争取蒙古对清廷的支持做出了巨大贡献。马喇首先采取攻心策略，先告知各部平叛大军即将派出，以防止各部加入布尔尼叛乱，稳定当下时局。其后，陆续从各部调集兵力协助反叛。在马喇的努力争取之下，科尔沁部、阿鲁科尔沁部、翁牛特部、巴林部、敖汉部、喀喇沁部、土默特部、扎鲁特部诸旗王公纷纷请求出兵，"皆使人悉令与马喇同行"④，使外藩蒙古成为讨伐布尔尼反叛的重要军事力量，也使布尔尼失去蒙古的支持，从而败于清军。马喇对蒙古的争取和拉拢，对平定布尔尼之乱起到了关键的作用。此次师还，马喇擢通政使，迁礼部侍郎。清廷为了加强对漠南蒙古王公贵族的控制，又派马喇"偕内大臣喀岱往科尔沁诸外藩宣谕禁令"⑤，使漠南蒙古王公贵族更加忠顺于朝廷。

---

① 赵尔巽等：《清史稿》卷六七，第 10141 页，中华书局，1977 年。

② 赵尔巽等：《清史稿》卷六七，第三十四册，第 10141 页，中华书局，1977 年。

③ 赵尔巽等：《清史稿》卷六七，第三十四册，第 10141 页，中华书局，1977 年。

④ 王霞：《平定"布尔尼之乱"图海宣府出兵考》《内蒙古师范大学学报》2007 年第一期。

⑤ 赵尔巽等：《清史稿》卷六七，第三十四册，第 10141 页，中华书局，1977 年。

二 在雅克萨战争中的功绩

清朝康熙二十四年（1685）和二十五年（1686），在我国东北边疆爆发了两次中俄雅克萨之战。雅克萨是黑龙江上的交通枢纽，早在顺治七年（1650），俄罗斯侵略军就在哈巴罗夫的率领下入侵此地，占领了雅克萨，并将它作为进一步侵略黑龙江的重要基地。清政府曾多次派军打击侵略者，但每次中国军队得胜回师之后，沙俄匪徒就卷土重来。东北是清朝的发祥重地，历来受到清政府的重视。康熙帝亲政后，对于沙俄的入侵十分焦虑，他说："罗刹扰我黑龙江、松花江一带三十余年。其所窃据，距我朝发祥之地甚近，不速加剪除，恐边徼之民，不获宁息。朕亲政之后，即留意于此，细访其土地形胜，道路远近，及人物性情，以固酌定天时地利、运饷、进兵机宜，不徇众见，决意命将出兵，深入挞伐。"① 从这段话中，可以看出康熙已经深刻地意识到：此患不除，边疆不固，祖宗发祥地不安。

1. 义正词严的外交官

为彻底解决东北边疆问题，康熙帝进行了认真的准备工作。他"先礼后兵"，首先派人送信给雅克萨的俄军首领，让其尽快撤走。俄国人不仅不予理睬，还一面向雅克萨增兵，一面派使团出使中国收集情报，窥测清政府的意向。康熙十四年（1675），俄方派尼古赖·斯帕法里为首的使团出使中国。斯帕法里是俄国著名外交家、外务衙门的翻译官，出使中国之前，他做了大量的准备工作。清政府得到俄方出使通报后，特地派时任礼部右侍郎的马喇前往卜奎（今齐齐哈尔）迎接②。双方见面时，马喇驳斥尼古赖·斯帕法里："过去若干年中，你们俄国人说的是一回事，干的却是另一回事。沙皇派遣你出使中国已有一年之久，可是你们的人——雅克萨的哥萨克，为数达 300 人之多，直到最近还侵犯我国边境的村屯，图谋掳掠人口和进行洗劫……对于一个一方面派出大使，而另一方面却开始战争行动的国家，我们能够期望什么和平和友谊呢？"并严正告诫俄方："嗣后勿于边界地方侵扰，若能如此，两国方能修好，派使交易。"双方就两国关系和递交国书程序等问题，谈判很久，由于尼古赖态度蛮横，毫无进展。马喇向清廷请示方略，康熙帝允许尼古赖进京晋见。在陪同使团往返途中，马喇曾多次警告尼古赖："今后俄国人不得再侵犯中国领土。"俄使团到达北京后，理藩院决定由尚书阿穆瑚琅同马喇与斯帕法里交涉，双方就此谈判。

---

① 徐凯：《林兴珠与雅克萨之战》《北方文物》1988 年第三期。
② 潘永：南开大学硕士学位论文《俄国早期来华使节的中国观》第 23 页，2010 年。

2. 深入前线，加强驻防

尼古赖·斯帕法里回国后，不仅对清政府的要求拒之不理，还进一步加紧武力扩张。康熙帝决定对盘踞在雅克萨的侵略者进行军事征讨。在东北黑龙江流域，主要居住着索伦、赫哲、达斡尔、鄂伦春等少数民族。马喇因长期任职理藩院，熟悉少数民族的情况，而且在之前对俄谈判的交涉中，受到康熙帝的赏识。康熙二十一年（1682），康熙帝下令调集大军到黑龙江，"遣马喇往索伦储军实"[①]。为加强驻防，康熙帝令"……额苏里、索伦村庄之间，应设四驿，令赴索伦理藩院大臣（马喇）董其事"[②]。在原调一千五百乌拉、宁古塔兵基础上，增派五百名达斡尔兵，使瑷珲与额苏里各驻千人。从中可以看出，马喇已经成为康熙帝解决东北边疆问题的得力助手。

3. 分析敌我情势，及时提出合理化建议

到达索伦之后，马喇在进行部署驻防的同时，详细分析了敌我情势，经过缜密分析，及时向康熙帝提出关于收复雅克萨的战略设想，以便进行正确的战略部署。

（1）马喇疏言："索伦总管博克所获俄罗斯人及军前招降者，皆迫於军威，不宜久留索伦，应移之内地。"[③] 得到康熙帝的允许。

（2）命喀尔喀禁止部属与盘踞尼布楚的俄国人贸易。马喇认为，"雅克萨、尼布楚二城久为罗刹所据"[④]，是因为有一定的经济基础。"臣密调雅克萨惟耕种自给，尼布楚岁捕貂与喀尔喀贸易资养赡。[⑤]"因此建议"请饬喀尔喀车臣汗禁所部与尼布楚贸易"[⑥]，康熙帝采纳了他的建议，即以马喇所奏檄示喀尔喀。

（3）命黑龙江的清军水陆并进，摆出攻取雅克萨之势。"并饬黑龙江将军水陆并进，示将攻取雅克萨"[⑦]，立即得到康熙帝的采纳。

（4）康熙二十三年（1684），马喇建议，先不着急用兵，而是将当地的粮食全部撤走，迫使俄军断粮撤军。"割取俄方田禾，俄军不久自困"[⑧]，然后，"量遣轻骑剿灭似易"[⑨]。康熙帝非常赞同这个建议。后来萨布素以"取禾未及，徒劳士马"[⑩]为由，并没有执行康熙帝指示，康

---

① 赵尔巽等：《清史稿》卷六七，第三十四册，第10141页，中华书局，1977年。

② 孟昭信：《康熙帝》第156页，吉林文史出版社，2012年。

③ 赵尔巽等：《清史稿》卷六七，第三十四册，第10141页，中华书局，1977年。

④ 赵尔巽等：《清史稿》卷六七，第三十四册，第10141页，中华书局，1977年。

⑤ 赵尔巽等：《清史稿》卷六七，第三十四册，第10141页，中华书局，1977年。

⑥ 赵尔巽等：《清史稿》卷六七，第三十四册，第10141页，中华书局，1977年。

⑦ 赵尔巽等：《清史稿》卷六七，第三十四册，第10141页，中华书局，1977年。

⑧ 蒋兆成、王日根：《康熙传》第206页，人民出版社，2002年。

⑨ 蒋兆成、王日根：《康熙传》第206页，人民出版社，2002年。

⑩ 蒋兆成、王日根：《康熙传》，第207页，人民出版社，2002年。

熙帝十分恼火，认为萨布素"坐失机会"[1]"贻误军机"[2]，令议政王大臣"严议申饬"[3]。"今自京城遣一贤能大臣，总领军事。"[4]康熙帝因萨布素没有执行命令而十分不满，故重新组建了新的前敌指挥机构，康熙二十四年（1685），命都统公彭春统兵，授马喇副都统衔，参赞军务。

4.保证军需供应

军粮是战争的物质基础。为了保证军粮的充足供给，康熙帝派马喇到索伦等处预备军需，表面上则声言捕鹿，以疑罗刹。马喇带着户部银 4000 两，量买诸物，运至军前，换取居民的牛羊、粮米，以备军需。

5.领导当地居民，深入侦察敌情

（1）康熙二十二年（1683）八月，马喇奏：臣遣达虎尔副头目贝勒尔等，侦查雅克萨城情形，路遇罗刹杀其二人，生获一人。知悉雅克萨城已加修造，兵力有所补充……

（2）康熙二十四年（1685）四月，"遣达虎尔副头目贝勒尔等率三十人，往雅克萨城北侦查，生擒罗刹七人回。已知城池加固，守兵不满千人，援兵尚未到……"[5]康熙帝得此情报，更加坚定了收复雅克萨的决心，决定立即出兵收复雅克萨。

马喇领导达斡尔居民的多次侦察敌情、收集情报的活动，对康熙帝收复雅克萨部署兵力，起到了极为重要的作用。清军攻克雅克萨，赶走沙俄侵略者，马喇"在事有功"。

6.督理农务，二次参战

康熙二十五年（1686），"黑龙江佐领鄂色以耕牛多毙，农器损坏，奏请储备"，[6]康熙帝命马喇督理黑龙江农务。康熙谕曰："农事关军饷，令严督合力播种。"[7]马喇即赴黑龙江，极力督导，不负圣望，"值岁丰，收获甚稔"。[8]

同年，康熙帝得知俄军重新侵占了雅克萨，立即部署了第二次雅克萨战役。马喇再次派赴军前参赞军务，参加了第二次雅克萨之战。康熙二十七年（1688），授护军统领。

7.随使团签订《尼布楚条约》

两次雅克萨之战，以清朝胜利而结束。雅克萨之战的胜利，维护了中国的国家主权，挫败了沙俄跨越外兴安岭侵略中国黑龙江流域的企图。康熙二十七年（1688），中俄两国决定在色

① 蒋兆成、王日根：《康熙传》第 207 页，人民出版社，2002 年。
② 蒋兆成、王日根：《康熙传》第 207 页，人民出版社，2002 年。
③ 蒋兆成、王日根：《康熙传》第 207 页，人民出版社，2002 年。
④ 蒋兆成、王日根：《康熙传》第 207 页，人民出版社，2002 年。
⑤ 乌力斯·韦戎：《达斡尔族与雅克萨之战》《齐齐哈尔社会科学》1986 年第 4 期。
⑥ 赵尔巽等：《清史稿》卷六七，第三十四册，第 10141 页，中华书局，1977 年。
⑦ 赵尔巽等：《清史稿》卷六七，第三十四册，第 10142 页，中华书局，1977 年。
⑧ 赵尔巽等：《清史稿》卷六七，第三十四册，第 10142 页，中华书局，1977 年。

楞格斯克进行谈判。这是清朝开国以来，第一次正式派出有权签约的谈判使团，康熙非常重视，亲自指派，其中有领侍卫内大臣索额图、都统公佟国纲、理藩院尚书阿喇尼、左督御使马齐，以及熟悉对俄交涉事务的护军统领马喇等，"往主其议"①。这个使团在中国古代外交史上十分引人注目，成员都是皇亲国戚和朝廷重臣。由于当时适值噶尔丹进攻喀尔喀，使团道路受阻，康熙帝闻报立即遣人召回使团。康熙二十八年（1689），马喇再次随索额图、佟国纲等赶赴尼布楚，同俄国使臣谈判中俄东部边界。两次在雅克萨打败俄国的清朝，在尼布楚城与俄国签订了中国第一个边境条约——《尼布楚条约》。通过条约，中国收回了雅克萨，有效地制止了沙俄对黑龙江地区的进一步侵略，并打破了沙俄同厄鲁特蒙古准噶尔部噶尔丹之间的联盟，为后来清政府平定噶尔丹的叛乱创造了条件。

三 平定噶尔丹再立功

噶尔丹是康熙朝前期活跃在新疆天山南北和蒙古高原上的准噶尔人首领。康熙二十七年（1688），噶尔丹乘清政府与沙俄在黑龙江对峙之机，率重兵大举进犯喀尔喀蒙古。沙俄政府不甘心战场上的失败，企图借助准噶尔的进兵削弱清朝，因此借兵马予噶尔丹。噶尔丹与沙俄兵合一处，以追击漠北蒙古为名，大举进犯漠南。

1. 抵制噶尔丹南侵，参与"多伦会盟"

康熙二十九年（1690），清廷得知噶尔丹开始新的进军时，即命马喇偕都统额赫纳、前锋统领硕鼐出征，急赴土拉河抵御噶尔丹南侵。康熙三十年（1691），马喇随康熙帝赴塞外多伦诺尔参加"多伦会盟"。康熙帝认为，因为喀尔喀两翼不和，才给噶尔丹以可乘之机，只有解决喀尔喀两翼纷争，方能集中力量对付噶尔丹，遂决定在距北京约八百里的多伦诺尔上都牧场境内，召集全体喀尔喀贵族举行会盟。此次会盟，康熙帝十分重视，决定亲临塞外主持会盟。几日之中，凡有仪式，马喇皆和其他官员一起随康熙帝左右，壮大声势，显示天朝皇威。这次会盟，喀尔喀正式归属清朝版图，成为戍守北部边疆的最重要力量之一，也为歼灭噶尔丹在政治上做好准备。

会盟最后一日，马喇领康熙帝命，偕定北将军瓦岱（额亦都孙）率师赴图拉，追击噶尔丹至克鲁伦河，打探噶尔丹的消息。

---

① 王继庆、王闯：《17世纪张诚日记之尼布楚行程与谈判》《学术交流》2013年第二期。

2. 建言收复和罗里

康熙三十一年（1692），西套蒙古，和硕特部台吉巴图尔额尔克济农（和罗里）来降，对于桀骜不驯、叛服无常的和罗里，为防止其再度逃遁，康熙帝"命玛拉徙入内地，毋令复逸"。[1] 马喇疏言："巴图尔额尔克济农率所属二千馀口，穷乏来归，揆其情状，当不复逸。"[2] 康熙帝即命巴图尔额尔克济农与其子一同来京觐见，后巴图尔额尔克济农领其次子云木春来京谒见了康熙帝。此后西套蒙古和罗里等再也没有叛离过清朝。康熙三十五年（1696）五月，清军与噶尔丹军队在喀尔喀蒙古图拉河畔进行了一场决定噶尔丹生死命运的大决战，即著名的"昭莫多战役"。在这次战争中巴图尔额尔克济农次子云木春作为清军向导前去参战。《王公表传》[3] 记载："三十五年（1696），上亲征噶尔丹。西路大将军费扬古以阿拉善兵为前驱，云木春侦噶尔丹自克噜伦窜特勒尔济，偕副都统安南达驰迎之。费扬古统兵继进，噶尔丹败遁。"由此巴图尔额尔克济农次子云木春为清军的最终胜利发挥了重要作用。此时，马喇虽已卒，但功不可没。

可见，马喇作为清代的一位满族将领，虽没有经天纬地的赫赫战功，但是一生戎马，身历三朝，在关系清代边疆问题的多次著名战役中，都亲身参与，以其丰富的处理边疆事务的经验，建言献策，辅助帝王，可谓尽谋臣之责；勘测敌情，领兵冲杀，可谓扬武将之威；随团出使，签订条约，可谓行外交之令。无论哪种，马喇都是以忠君爱国为念，尽人臣之本，辅佐帝王，联合同僚为取得战争的最后胜利、为清朝边疆的稳固发挥了自己的作用。

① 赵尔巽等：《清史稿》卷六七，第三十四册，第10142页，中华书局，1977年。
② 赵尔巽等：《清史稿》卷六七，第三十四册，第10142页，中华书局，1977年。
③ 梁丽霞：《西套厄鲁特部蒙古归附清政府始末述略》《内蒙古大学学报》2003年第五期。

‖内容提要‖

皇太极登基称帝之后，其国家大典由"堂子祭天"逐渐转化为中原地区"敬天法祖"的宗法制度，建圜丘、兴太庙，以正天子名分。随着皇权的发展，堂子祭的祭祀规格虽然不断提高，但国祭地位逐渐减弱，逐渐恢复为爱新觉罗氏族祭的性质。相应地，盛京太庙的肇建将满洲帝王先祖纳入皇室宗庙，这是新兴地方政权适应新环境的主动选择，也是中原文化对满洲礼制文化渗透和影响的必然结果。

‖关键词‖

盛京坛庙　祭祀　中原文化　满洲礼制

从盛京坛庙祭祀看中原文化对满洲礼制的影响

徐　来

沈阳故宫博物院，馆员。

一 从氏族祭到国祭的堂子祭

立杆祭天是满洲特有的萨满祭祀方式。早在女真社会时期，人们就以部落、氏族为单位组织进行祭天活动，祭天的场所称为"堂子"。努尔哈赤、皇太极建立后金以至大清政权以来，依萨满教的天穹观，在日升之地即本氏族部落（国）城寨之东南设立堂子。堂子建成八角形，其神树上留十三层或九层树梢，代表宇宙间的光、火、风、雷、闪电、雨、雪、冰、雹、日月星辰等自然现象来自十三层或九层天及八个方向。努尔哈赤起兵之前，是否在堂子立誓是检验合作方真诚度的重要标尺。佛阿拉时的堂子为"五梁，盖草"的八角形小屋，堂子祭带有明显的氏族祭色彩。"堂子"是各部落政权的精神象征，在努尔哈赤统一女真部落的进程中，摧毁其他部落的"堂子"为一个重要步骤，而摧毁是为了统一信仰进而实现精神层面的统一：将爱新觉罗氏族神与各部落少数被保留下来的原有神祇相组合，形成被征服部落新的信仰主体，这个信仰主体包含在以爱新觉罗氏族神祇为中心的信仰体系中。

天命元年（1616）努尔哈赤创立后金国，定都赫图阿拉，将堂子建于城门外东南角，"奴酋之所居五里许，立一堂宇，缭以垣墙，为礼天之所。凡于战斗往来，奴酋及诸将胡必往礼之"①，堂子祭天进入"庙堂化"阶段。天命六年（1621）努尔哈赤迁都辽阳，建东京城，仍建堂子祭祀。据《满文老档》记载，天命七年（1622）元旦，努尔哈赤亲率八旗贝勒、大臣出城，到堂子和庙里叩头。天命八年（1623），努尔哈赤又对谒堂子祭天的日期、内容做出规定："凡每岁元旦及日朔、国有大事，则为祈为报，皆恭谒堂子行礼，大出大入必告，出征凯旋则行礼而告，典至重也。"②天命十年（1625）努尔哈赤迁都沈阳，在"城东内治门外"建堂子，元旦要祭神拜天，出征前、凯旋归来要祭旗礼。"而以元旦拜天，出征凯旋为重，皆帝所躬祭"③；此外还有月祭、立杆大祭、浴佛祭、马祭等名目繁多的祭祀。可见，清初时堂子祭不仅是"神随人迁"约定俗成的事实，而且已成为统治阶级立国不可或缺的具有国家规模的祀典。

皇太极继承汗位后，于崇德元年（1636）颁布《元旦祭天礼仪》，明确规定应"行三跪九叩头礼"④，此后相继颁布《祭堂子神位仪则》⑤《祭堂子祝辞》⑥《祭天典礼》⑦《祭天次位图》⑧等，这些仪则的出台，改变了以往祭祀时随意的形式，详细明确地对堂子祭的程序、仪式、祝辞等以书面文字的形式做出规定，显示出堂子祭的规范化和皇权的至高无上。

二 崇德年间天坛祭祀

《尚书·召诰》记载："有夏服天命。"周代的铜器"毛公鼎"铭文记载："丕显文武，皇天宏厌厥德，配我有周，膺受天命。"古代以天圆地方的圆作为天的形象，将天坛筑成圆形，称天坛为圆丘或圜丘。位于春秋至战国中期秦国都城雍城的陕西凤翔雍山血池秦汉祭祀遗址被认为是"目前可以确认的、已发现的、最早的祭天场所"。而圜丘状的夯土台是发现这一遗址的重要指征。天坛层数历朝不同，有两层、三层、四层之分。明朝嘉靖年间定天坛圜丘为三层。

---

① [朝鲜] 李民寏：《建州闻见录》第 43 页，辽宁大学历史系《清初史料丛刊》，1978 年。
②（清）张廷玉等：《皇朝文献通考》第 5719 页，商务印书馆，1936 年。
③ 赵尔巽等：《清史稿》志六十，礼四，中华书局，1976 年。
④《满文老档》崇德元年五月十四，中华书局，1990 年。
⑤《满文老档》崇德元年六月十八，中华书局，1990 年。
⑥《满文老档》崇德元年六月二十九，中华书局，1990 年。
⑦《满文老档》崇德元年七月十四，中华书局，1990 年。
⑧《满文老档》崇德元年十一月，中华书局，1990 年。

天聪九年（1635），皇太极准备改国号登基称帝，按"天子之礼"着手修建天坛、地坛、太庙等，显露出问鼎天下的雄心。遵循中国传统的方位尊卑观念和"左祖右社"之制，盛京天坛位于大南边门外偏东约五里的地方，为三层，规模较小，坛上无祈年殿等建筑。祭祀时在一、二层坛供上帝、列圣、大明、夜明、星、辰、云、雨、风、雷各位，坛下设乐。地坛建于小东边门外偏南三里的地方，分上、下两层，分别设地祇和本朝皇帝神位及五岳、五镇、四渎等供位。

天坛建成之初，天聪十年（1636）四月十一日，皇太极"以受尊号，告祭天地"。据载："是日黎明，上率诸贝勒满洲、蒙古、汉官出德盛门，至坛。上下马立，陈设祭物毕，导引官满洲一员、汉人一员，引至坛前，上东向立，导引官复从西侧，引至坛西南，上自西南升阶，在东侧西向立，赞礼官赞就位，上至正中，向上帝神位立，赞礼官赞上香，上从东阶升至香案前跪，导引官奉香，上亲三上香毕，从西阶下复位，北向正立，赞礼官赞跪，上率诸大臣行三跪九叩头礼……"[①]在礼乐鸣奏之下，皇太极再次登坛，上尊号，受宝玺，成为第一位满洲皇帝。

从堂子祭天到天坛祭天，是皇太极接受中原文化礼制思想，兹命正统的体现。同年七月十四日，清廷正式制定祭天仪程。十一月二十五日，皇太极率诸王百官斋戒三日。冬至卯刻，皇太极出德盛门，至天坛刑乌牛祭天。《满文老档》所记祭天图式如下：

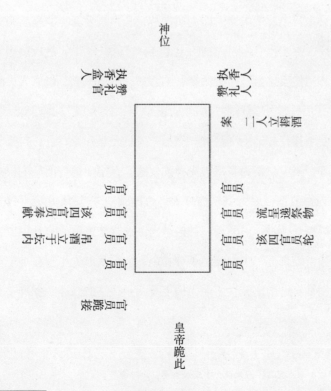

———————

① 《清太宗实录》卷二八，第509页，华文书局，1985年。

清崇德年间，冬至天坛祭天并未形成制度，史料可查仅有几次记录，说明此时是满洲祭祀为主向中原祭祀为主的转型期。顺治帝定鼎北京后，"定每岁冬至日大祀天于圜丘"。[①]从此，冬至祭天成为清帝亲祭的首要大礼。

三 清宁宫祭祖

皇太极时期，对民间传统萨满教进行了一系列改革："永不许与人家跳神拿邪，妄言祸福，蛊惑人心，若不遵者杀之。"[②]这一规定，使得野祭衰落，而堂子祭和家祭得以兴旺。"凡官员庶等，设立堂子致祭者，永行停止。"[③]这一规定结束了爱新觉罗氏以外的异姓满洲官民可以拥有本族堂子的历史，使他们只能以神匣代替堂子栖神，人神同舍，春秋祭祷，从而使满洲家祭异常兴旺。

祭祖是家祭中的重要内容。满洲各姓氏以血缘族属为单位，定期举行祭祀祖先的仪式。学者赵展认为：清宁宫祭祖仪式是由清太宗皇太极制定的。采取的是祫祭的方式，即将远祖、近祖合在一起祭祀。

努尔哈赤时期即有元旦祭堂子后回宫祭祖的制度，皇太极时期仍然延习。此时清宁宫的拜神活动，是盛京皇宫内的主要宗教活动。按照满洲固有的家祭习俗，在清宁宫西墙正中设置神龛一、北墙西设神龛一，其中北墙供奉的即为祖先神，分别是爱新觉罗家族祖先神穆哩罕、满洲传统吉祥神纳丹岱珲、蒙古籍后妃祖先神喀屯诺延，"廷树杆"[④]，进行萨满祭祀。皇宫内的家祭分为"磕头祭"和"使唤猪祭"。"磕头祭"不杀猪，不请萨满，仅家人供献糕酒，磕头三遍。皇太极元旦祭堂子后回清宁宫拜神，所举行的就是"磕头祭"。"使唤猪祭"则是在清宁宫，除供献糕酒，还要杀猪，并请萨满跳神。祭祖一般从元旦开始举行，包括朝祭、夕祭、背灯祭、祭天（还愿）等。其中夕祭为祭祀祖先神的仪式，夕祭中熄灯而祭的仪式，称为"背灯祭"。"夕祭荐肉后，司香敛毡，展青绸幕掩灯火，众出阖户[⑤]。"从史籍所载祭祀结束"奉神像纳朱匮"分析，背灯祭开始时，由萨满将神像请出。仪式结束后，打开门窗，点亮灯，撤下供献，卷起神幔，神像"纳朱匮"中，充满了神秘色彩。朱家溍先生曾在坤宁宫夕祭神位的绘花黑漆抽屉中，见到一轴有七个盛装女子端坐椅上及两只飞鹊的画像，据坤宁宫祭祀是"率循

---

① 《大清会典·礼部》。
② 《清太宗实录稿本》卷十四，辽宁大学历史系，1978年。
③ 嘉庆《大清会典事例》卷八九二，台北新文丰出版公司，1977年。
④ 赵尔巽等：《清史稿》志六十，礼四，中华书局，1976年。
⑤ 赵尔巽等：《清史稿》志六十，礼四，中华书局，1976年。

旧制"判断，清宁宫夕祭神像当也是如此。朝祭、夕祭、背灯祭在清宁宫室内举行，祭天还愿在清宁宫外的庭院举行。由于史料不详，现只能从乾隆年间的《钦定满洲祭神祭天典礼》一书中，对清初盛京皇宫祭祀有个大致的了解。

四 清皇室宗庙之始——盛京太庙

我国封建王朝历代均将祭祀宗庙列为头等大事。"君子将官室，庙为先。厩库为次，室为后[1]。"而以建州女真为主体的后金建立之初，并没有祭祀宗庙的制度和行为。随着满汉文化融合加速，天聪九年（1635）皇太极命建太庙于盛京城东门外五里许。并于崇德元年（1636）四月，正式创建清代太庙制度。

其时所建太庙包括前殿、后殿、后房、大门和东西角门。崇德元年（1636）皇太极称帝后，册封努尔哈赤以上四辈，"始祖泽王、高祖庆王、曾祖昌王、祖福王"[2]，后殿供奉的即为此四祖夫妇神位，同时皇太极伯祖礼敦巴图鲁神位东向配享。前殿供奉的为清太祖努尔哈赤和皇太极生母孟古的神位，开国功臣费英东和额亦都于两侧配享。

乾隆二十一年（1756），祭祀宗庙制度编入《大清通礼》，开始规范皇帝亲祭和其他祭祀流程，其中基本继承汉族传统文化的是"四孟享太庙""左昭右穆"。但与历朝"亲尽则祧"不同的是，号称以"孝"治天下的清代统治者规定：太祖以下诸帝之庙永世供奉。

乾隆四十三年（1778），乾隆皇帝"命重修盛京天坛、地坛，移建太庙于大清门东"[3]。太庙新建地址紧邻盛京宫殿正门大清门，此处原建有道观景佑宫。景佑宫始建于明代，供奉天、地、水，因此也称"三官庙"。盛京宫殿兴建之初，统治者对于此时稍显没落的道教仍予以礼遇，并未因景佑宫距离宫殿过近而将其拆除。直至乾隆皇帝下旨在景佑宫原址处移建太庙，才另于德盛门内选址重建新观。

五 结 语

唐代皇甫湜云："王者受命于天，作主于人，必大一统。明所授所以正天下之位，一天下之心……所以为中国者，以礼义也；所以为夷狄者，无礼仪也，岂系于地哉。"中国号称"礼

①《礼记·曲礼下》，岳麓书社，1991年。
②《满文老档》下册，第1539~1540页，中华书局，1990年。
③《清高宗实录》卷一〇六五，华文书局，1971年。

仪之邦"，几千年来，统治阶级用"礼治"来强调阶级差别，维护自身统治。

"礼有五经，莫重于祭"①，在清代礼制度典籍《大清通礼》中，祭礼不仅位于第一部分，而且篇幅占到整个典籍的1/3。现在看来，清代礼制文化的的开创者，为皇太极无疑。改国号、称皇帝，根据儒家传统，天子是上天感应降世，所以既要祭天，与上帝沟通，也要祭宗庙，祈求祖先神灵庇佑。

综上，皇太极之所以在盛京兴建坛庙的原因如下：

1. 产生进取天下的雄心

努尔哈赤立国之初，所建金国实为抚顺山区一个女真地方政权。其攻取辽沈、决定迁都沈阳时，也不过因为沈阳优越的地理位置，乃进可攻退可守的形胜之地。此时的努尔哈赤与明政权的关系仅仅是抗衡，并没有取而代之的想法。皇太极执政之初，所想所做与努尔哈赤无异。十年后，对明形势发生根本逆转，清强明弱，皇太极遂坚定皇朝兴替、雄霸天下的决心。

2. 学习儒家思想，以天之正统自居

"正统"出自《春秋》。崇德元年（1636）皇太极命在盛京建孔子庙，定每年二月、八月上丁日行释奠礼，这是皇太极学习并接受中原儒家文化的结果。儒家以宏扬礼学为己任，六经之义都贯彻了礼的精神。礼制文化所体现的基本要义为通过固定的形式和繁复的内容区分上下尊卑，人伦纲常。

崇德元年（1636）七月，皇太极册封五大福晋的册文云："天地授命而来，有汗主一代之治，必命匹配心腹亲近福晋赞襄朝政，立成双，立功德，享富贵，乃亘古之制，守三纲五常，系古圣汗等所定大典。今我正大位，仿古圣汗所定之大典。"②表明皇太极此时已经完全接受儒家的"三纲五常"观念。清迁都北京后，盛京成为陪都，雍正年间，又修建了风雨坛、社稷坛、先农坛等礼制性建筑，清朝统治者已经完全接受儒家思想和天之正统并深受其影响。

---

① 《礼记·祭统》，岳麓书社，1991年。

② 《满文老档》第3函第20册，第1530页，崇德元年七月初十日，中华书局，1990年。

||内容提要||

20 世纪以来国内外关于孙承宗的研究主要涵盖了孙承宗的军事成就、军备思想、士人交游、个人著述等方面，也包括几种孙承宗的传记作品。总体来说，关于孙承宗的研究尚存需要完善之处。例如缺乏对孙承宗二次督辽的研究，缺乏对近年新见史料的运用，等等。总之，孙承宗是晚明人物研究中不可多得的尚待开发的领域之一。通过利用新见史料、拓展研究范围等方式，学界关于孙承宗的研究仍可继续深入。

||关键词||

孙承宗　研究综述　蓟辽督师

20 世纪以来关于孙承宗的研究回顾与反思

赵士第　东北师范大学历史文化学院硕士研究生

叶　鹏　复旦大学历史地理研究中心硕士研究生

孙承宗是明代后期一位举足轻重的人物，他曾是明熹宗的老师，天启、崇祯时期两次督师辽东，为明朝延长国祚发挥了重大作用，有《高阳集》《车营扣答合编》传世。崇祯十一年（1638）清兵破高阳城后，他率全家老小自缢身亡，展现出士大夫的崇高气节。相比于同是明末名将的袁崇焕，学界关于孙承宗的研究文章、专著少之甚少，不及前者1/10。虽然民国时期已出现研究孙承宗的文章，但是早期研究多停留在对孙氏情况介绍方面，如孙松龄《河北伟人孙承宗功绩之回顾》[①]、鳃卢《高阳县孙文正公行迹之勤劳及其伟略》[②] 等，再如中华人民共和国成立后李宗侗《忠烈双全的孙督师承宗》[③] 等。本文中笔者拟通过整理 20 世纪以来海内外关于孙承宗的研究专著及论文，简述其核心观点。不足之处以教于方家。

① 孙松龄：《河北伟人孙承宗功绩之回顾》《河北月刊》1936 年第 4 期。

② 鳃卢：《高阳县孙文正公行迹之勤劳及其伟略》《益世报》（天津）1937 年第 4 期。

③ 李宗侗：《李宗侗文史论集》第 423~425 页，中华书局，2011 年。

一 关于孙承宗抗清问题的研究

孙承宗在天启年间和崇祯年间两次出任蓟辽督师，目前，学界研究孙承宗两度出任蓟辽督师，处理辽东防务及所获战果等方面的文章有：一、姜守鹏《熊廷弼、孙承宗、袁崇焕经辽研究》，文中分别论述了熊廷弼、孙承宗、袁崇焕三人的经辽业绩以及局限性，并通过三人的悲剧看出明朝灭亡的必然原因，并提出了以下观点："第一，腐败的政治制度扼杀了帅才；第二，党争使边事是非不清，功罪颠倒；第三，君主专制是枉杀之源。"[1] 二、姜守鹏《孙承宗抗清事略》[2]，该文从宏观角度论述孙承宗的抗清事迹，持有较强烈的个人感情色彩。三、刘伯涵《袁崇焕与孙承宗》[3]，文中论述了孙承宗、袁崇焕二人协力防卫辽东的情况和"己巳之变"后二人的所作所为。四、阎光亮《孙承宗与辽东防务》，文中指出："孙承宗对明代辽东防务的整顿大有成效，他的功劳卓著，其军事思想也值得我们认真研究。"[4] 五、余三乐《孙承宗保卫北京述论》[5]，作者提到孙承宗在"己巳之变"后再度出山，鼓舞士气，整饬边防，他的军事策略挽救了北京城。六、叶高树《明清之际辽东的军事家族：李、毛、祖三家的比较》[6] 和邱业超《明代辽东经略制度研究》[7]，这两篇文章间接提及了孙承宗在辽东的举动。七、庄道树《孙承宗守备辽东评议》一文概述了孙承宗守卫辽东的事迹，并且指出："由于时代和阶级利益的局限性，孙承宗的忠君思想是不可取的，但是尽管如此，孙承宗刚正不阿、嫉恶如仇的政治品德和忠贞报国的高尚情操却是留给我们后人的宝贵的精神财富。"[8] 八、陈作荣《天启间孙承宗督辽业绩述略》，作者认为："孙承宗在晚明朝政日趋腐败和国家面临危机的形势下，挺身而出，急公忘私，排难而上。督师辽东时虽年已花甲，身危心苦，过劳而屡疾，但始终以凛然正气，继承并发扬民族传统中的积极因素，为国家为民族鞠躬尽力。特别是在才未尽、志未竟，扼腕而退的情况下，始终不向邪恶势力低头。"[9]

相关专著有：一、孙文良、李治亭合著的《明清战争史略》[10]，书中介绍了孙承宗在明清战

① 姜守鹏：《熊廷弼、孙承宗、袁崇焕经辽研究》《东北师大学报》（哲学社会科学版）1992 年第 4 期。

② 姜守鹏：《孙承宗抗清事略》《吉林大学社会科学学报》1988 年第 3 期。

③ 刘伯涵：《袁崇焕与孙承宗》《学术月刊》1985 年第 8 期。

④ 阎光亮：《孙承宗与辽东防务》《辽宁教育行政学院学报》1988 年第 4 期。

⑤ 余三乐：《孙承宗保卫北京述论》《北京社会科学》1994 年第 3 期。

⑥ 叶高树：《明清之际辽东的军事家族：李、毛、祖三家的比较》《台湾师范大学历史学报》2009 年第 42 期。

⑦ 邱业超：《明代辽东经略制度研究》，"中央大学"历史研究所，2006 年。

⑧ 庄道树：《孙承宗守备辽东评议》《石油大学学报》（社会科学版）1991 年第 3 期。

⑨ 陈作荣：《天启间孙承宗督辽业绩述略》《东北师范大学学报》（哲学社会科学版）1988 年第 3 期。

⑩ 孙文良、李治亭：《明清战争史略》辽宁人民出版社，1986 年。

争中的事迹，尤其是第一次督辽的事迹，此书亦为中国第一部系统研究明清战争的学术专著。

二、邱瑞中、韩国学者崔昌源合著的《朝鲜使臣李忔笔下的袁崇焕》①，书中提到孙承宗与袁崇焕一同守备辽东的情形。

研究火器运用方面的文章有：一、黄一农《天主教徒孙元化与明末传华的西洋火炮》《明清之际红夷大炮在东南沿海的流布及其影响》，二文提到了天启年间孙承宗下令铸造西式炮铳的情况②。二、周维强《明代战车研究》，该文专辟一章论述了孙承宗与蓟辽战车军团的塑造③。

研究孙承宗与晚明士大夫关系问题的文章有：一、日本学者史习隽《明末江南士大夫の天主教受容について：徐光啓の交友関係を中心として》④，文中提及孙承宗与孙元化的交往关系。二、台湾高雄科学工艺博物馆萧国鸿、严鸿森在其论著中提到了茅元仪与孙承宗的传承关系⑤。三、李华彦《崇祯朝蓟辽兵变与饷税重整》⑥一文提到了天启、崇祯时期孙承宗组织的辽东幕僚团。四、余三乐《明末党争中的孙承宗》提到"在与魏党斗争他加入东林行列，并成为主将之一，因而倍受阉党的排斥和打击。不幸的是，他还受到东林同志排挤"。⑦

研究孙承宗战争策略问题的文章有：一、阎光亮《论孙承宗"以辽人守辽土、以辽土养辽人"的防务策略》⑧，文章论述了孙承宗强调"辽土"与"辽人"关系的军事思想。二、王荣湟《孙承宗对漠南蒙古的斗争策略》，该文认为"孙承宗两次对漠南蒙古本质上都是'主防而后抚'，这一策略在战争实践中发挥了重要作用，但也存有一些问题，揭示出云谲波诡的明末辽东战局中明朝与漠南蒙古、后金博弈的历史轨迹"。⑨三、黄一农《刘兴治兄弟与明季东江海上防线的崩溃》⑩，文中提到孙承宗在袁崇焕被捕后的军事布置。四、邱仲麟《明代长城线外的森林砍伐》⑪，该文提及天启年间孙承宗"募守边夷人采木"一事。

---

① 邱瑞中、[韩]崔昌源：《朝鲜使臣李忔笔下的袁崇焕》，《한국민족문화》(《韩国民族文化》)釜山大学校韩国文化研究所，2005年。

② 黄一农：《天主教徒孙元化与明末传华的西洋火炮》《"中央研究院历史语言研究所"集刊》1996年第67本第4分；黄一农：《明清之际红夷大炮在东南沿海的流布及其影响》《"中央研究院历史语言研究所"集刊》2010年第81本第4分。

③ 周维强：《明代战车研究》，"清华大学"历史研究所，2008年。

④ [日]史习隽：《明末江南士大夫の天主教受容について：徐光啓の交友関係を中心として》《东洋史论集》卷四二，2014年。

⑤ 萧国鸿、严鸿森：《Mechanism in Ancient Chinese Books with Illustrations, History of Mechanism and Machine Science》施普格林国际出版社(Springer International Publishing)，2014年。

⑥ 李华彦：《崇祯朝蓟辽兵变与饷税重整》，"清华大学"历史研究所，2013年。

⑦ 余三乐：《明末党争中的孙承宗》《史学集刊》1989年第2期。

⑧ 阎光亮：《论孙承宗"以辽人守辽土、以辽土养辽人"的防务策略》《辽宁教育学院学报》1995年第4期。

⑨ 王荣湟：《孙承宗对漠南蒙古的斗争策略》《军事历史研究》2016年第5期。

⑩ 黄一农：《刘兴治兄弟与明季东江海上防线的崩溃》《汉学研究》卷二〇第1期，2002年6月。

⑪ 邱仲麟：《明代长城线外的森林砍伐》《成功大学历史学报》第41号，2011年12月。

二 关于孙承宗的著作及其军事思想

一、张永刚《磊落豪杰志，疏宕文章骨——东林党赵南星、孙承宗创作考述》①，文中论述了孙承宗一生的著述，并对其著作进行了评价。二、孔德麒《〈车营叩答合编〉初探》②，该文指出："《车营叩答合编》确实是一部内容丰富、思想观点新颖、在表达技巧上也具有特点的兵书，它的军事学术价值在于继承和发展了历史上，特别是明初用车战征辽东和中后期戚继光车营的理论，使火器和战车相结合编组了新型钓营阵，并阐述了这种营阵的编制、装备、训练和战术运用。它反映了火器与车、骑、步、轴结合运用和协同作战的特点，是一部颇具实践性的军事著作。"三、余三乐《孙承宗与〈车营八百叩〉》③，该文对孙承宗另一本军事著作《车营八百叩》进行了评介。四、孔骐骥《孙承宗的军事思想略论》，文中概括了孙承宗的军事思想，包括："御关外以蔽关内，逐步推进，以恢复全辽的战略思想；精兵简将、重视将权和先进军事技术的治军思想；且守且战，扬长避短和善用奇正的作战思想。"④五、日本学者荷见守义《孙承宗と明朝档案》⑤，文中对孙承宗相关史料进行了细致梳理，并对与孙承宗相关的"中国明朝档案总汇"中第 11 册第 374 号档案、第 12 册第 2 号档案进行了探讨。

三 关于孙承宗的整体研究以及孙承宗评价问题

最早关于孙承宗的传记是戚本禹编的《孙承宗传》⑥，此书比较简洁明了地论述了孙承宗的一生，通俗易懂。余三乐《孙承宗传》⑦的出版代表了中国学术界对孙承宗研究的一个黄金时期，也是第一部学术性质的孙承宗传记，学者陈红宇和高寿仙对此书有所评议⑧。杨延欣的《大学士孙承宗》⑨用比较通俗的手法描写了孙承宗的一生；台湾蔡孟翰的硕士论文《明末枢辅

---

① 张永刚：《磊落豪杰志，疏宕文章骨——东林党赵南星、孙承宗创作考述》《衡水学院学报》2008 年第 2 期。

② 孔德麒：《〈车营叩答合编〉初探》，《军事历史研究》1990 年第 2 期，第 144~151 页。

③ 陈支平主编：《第九届明史国际学术讨论会暨傅衣凌教授诞辰九十周年纪念论文集》，厦门大学出版社，2003 年。

④ 孔骐骥：《孙承宗的军事思想略论》《军事历史研究》1989 年第 1 期。

⑤ [日] 荷见守义：《孙承宗と明朝档案》《人文社会科学论丛》2016 年 1 号。

⑥ 戚本禹：《孙承宗传》，中华书局，1964 年。

⑦ 余三乐：《孙承宗传》，北京燕山出版社，2000 年。

⑧ 参见陈红宇：《展现明清战争史的又一部力作——读余三乐先生近作〈孙承宗传〉》《史学集刊》2000 年第 3 期；高寿仙：《一曲爱国主义的英雄悲歌——〈孙承宗传〉评介》《北京社会科学》2001 年第 1 期。

⑨ 杨延欣：《大学士孙承宗》，中国社会出版社，2006 年。

孙承宗之研究》①是学术界比较系统地研究孙承宗的学术性的文章。

关于孙承宗的评价问题的相关文章有：一、师昌纶《略论孙承宗与袁崇焕及其评价问题》②，文中对比了袁崇焕和孙承宗两个人死后，清廷对此二人的不同态度，并探讨了相关的原因。二、朱晓睿《孙承宗在抗清活动中的历史地位》，作者认为："孙承宗系抗清名将，大明王朝抵御后金斗争中的最后一道防线——关锦防线的实际缔造者。在后金（清）夺占辽东、进图中原，与明王朝争夺全国最高统治权相对汉族及其他各族人民进行民族征服的战争中，他受明廷之命，两次督师蓟辽，恢复辽东大片土地。他一生忠于大明王朝，最终以身殉国。"③

四 总结与反思

综上所述，20世纪以来学术界对于孙承宗的研究已有众多突破，研究成果主要集中在孙承宗督辽抗清问题、作战计划、火器运用、与士大夫的关系、军事思想、个人著作以及整体的传记等方面。前辈学者在史料挖掘，史实梳理以及历史评价几方面做了重要的工作，具有开拓性价值，但在一些具体问题上仍有需完善之处。

笔者以为，关于孙承宗的研究在如下几方面尚可有所推进：第一，对孙承宗二次督辽的研究较少，前辈学者大量论述了天启年间孙承宗第一次督辽的情况，但却少有关注崇祯时期孙承宗二次督辽的情形。第二，对域外汉籍以及明代档案中的相关资料运用过少。随着《李朝实录》《燕行录》《中国明朝档案总汇》等资料的整理出版，大量明清战争史料不再难得一见，今后可以充分利用这些新见史料。第三，研究领域还需继续扩展，不单以战争为主要研究对象，可以进一步展开对孙承宗多方面、多视角的研究。第四，如条件成熟，可成立孙承宗研究机构，加强学术交流。国内目前尚无孙承宗研究会，且有关孙承宗的学术会议寥寥无几，希望今后加强组织机构方面建设。

---

① 蔡孟翰：《明末枢辅孙承宗之研究》，"中央大学"出版社，2011年。
② 师昌纶：《略论孙承宗与袁崇焕及其评价问题》《保定学院学报》2012年第6期。
③ 朱晓睿：《孙承宗在抗清活动中的历史地位》《公安海警学院学报》2013年第2期。

沈阳故宫博物院院刊 第二十辑

‖内容提要‖

作为清代宫廷生活中重要的组成部分，香袋造型各异，功能也不尽相同。其广泛应用于室内悬挂或佩戴，兼有清除异味与装饰的作用。目前，关于清宫香袋的研究成果更多是从介绍器物本身出发，对于香袋的制作、使用等方面的研究成果尚未出现。在《清宫内务府造办处档案总汇》中详细记载了雍正和乾隆时期清宫香袋的制作过程，包括样稿设计、材料选择、制作过程及验收审核等。本文通过梳理相关档案，结合故宫博物院所藏香袋实物，重点对以上几个方面进行考察，以期更加清楚地认识雍乾时期清宫香袋的制作过程，并对皇帝本人在香袋制作过程中的作用进行解析。

‖关键词‖

清宫　香袋　制作

清代宫廷香袋制作考 *

万秀锋

故宫博物院，副研究馆员。

古人有随身配香的习惯，其最早可追溯到先秦时期。《礼记·内则》记载"男女未冠笄者，鸡初鸣，咸盥漱，栉、縰、拂髦；总角、衿缨，皆配容臭。"郑玄注："容臭，香物也，助其形容之饰，以缨系之。"此处的衿缨就是佩戴装饰用的香袋。香袋是随身携带或悬挂于室内盛放香料的器具，通过袋内所包含的香料释放香气，以达到净化空气、祛除异味的目的。香袋从汉代开始，逐渐成为士人生活尤其是宫廷生活中重要的组成部分，宫殿居室内悬挂香袋或随身佩戴香袋相沿成俗，这种风俗一直在延续，在清宫内也不例外。

一 清宫香袋的种类

清代宫廷的香袋制作精美，造型丰富，几何造型的有长方形委角、多角形、如意头形、双

*本文系故宫博物院科研课题《清宫用香研究》的阶段性成果，课题编号 KT2012—3。

钱形等，器物造型的有花篮形、如意形、八吉祥、银锭形，像生的植物造型有葫芦、瓜果、石榴、桃子、荷花等，还有一些人物造型①。如雍正曾给内务府官员一些内府的香袋样子，包括植物造型的"甜瓜式香袋一件，佛手式香袋一件，葫芦式香袋一件"，避邪驱毒的"蓝青绫杂羊皮金五毒符儿香袋一件，五色绫杂羊皮金五毒符儿香袋一件"，含有寿意的"黄缎绣莲花缉珠寿字香袋一件，黄缎长方缉珠寿字香袋二件，黄缎绣夔花缉珠万字香袋二件，黄缎绣如意缉珠如意寿字香袋一件，红缎桃式缉珠寿字香袋二件，红缎葫芦式缉珠如意寿字香袋一件"，各类五彩色香袋"黄缎绣五色夔龙香袋一件，圆形绕五色绒福香袋一件，圆形绕五色素绒福香袋一件"，等等②。

清代，一些特定的节日如端阳节会使用带有辟邪驱毒含义的香袋，宫廷亦是如此。此外，宫殿内悬挂的连体香袋等也与日常观念中的单体香袋不同，下面具体来看：

节日用香袋主要是以端阳节为主。五月初五为中国传统的端午节，《太平御览》有"仲夏端午。端，初也"③的记载。端午节时值骄阳，天气烦热，所以端午又被称作端阳，是夏季到来的标志。端午节也是古代毒气上升、瘟疫开始发作的时节，所以古代五月五日被看作不祥的"恶日"，因此端午节驱邪避毒成为人们节日重要的活动之一，通过制作佩戴绣有五毒（蝎子、蛇、蜈蚣、壁虎和蟾蜍）的香袋用以辟邪驱毒是最常见的做法。清宫中每年都会制作大量的香袋在端阳节时使用，如"郎中海望员外郎满吡传：做年例端阳节川椒香袋二十个，绕绒符香袋四十个，赏用黄香袋二百五十个，红圆香袋二百五十个，白圆香袋二百五十个，记此"。④再如"四月二十六日，做得黄缎长方香袋一百一十个，红缎长方香袋六十个，白绫长方香袋六十个，绕绒符香袋四十个，红缎圆香袋四十个，绣五色缎香袋一百一十个，赏用黄缎香袋二百七十个，红缎圆香袋二百个，白绫圆香袋二百七十个"。⑤从档案上可以看出，香袋除了宫廷使用，还大量用于赏赐。

清代宫殿内悬挂香袋除了祛除异味，还兼有美化环境的效果。从档案记载来看，清代宫殿内悬挂的香袋主要是以连接香袋为主，有连三、连五、连七等几类。如乾隆时圆明园内宫殿中，九州清晏悬挂"连七香袋十九对，连三香袋十一对，连五香袋七对，连二香袋十一对，连四香袋五十七对"，万方安和悬挂"连四香袋十对，连七香袋一对，连五香袋十对，连三香袋

---

① 陈娟：《活色生香——故宫藏清代刺绣小品》《紫禁城》2004年第5期。

② 中国第一历史档案馆、香港中文大学文物馆合编：《清宫内务府造办处档案总汇》（以下简称《总汇》）第3册，第361~362页，人民出版社，2005年。

③（北宋）李昉：《太平御览》，中华书局，1960年。

④《总汇》第3册，第455页，人民出版社，2005年。

⑤《总汇》第2册，第763页，人民出版社，2005年。

一对"，勤政殿内悬挂"连四香袋十三对，连三香袋一对，连七香袋二对，连五香袋一对，连二香袋十三对，小香袋三十一个，吉庆香袋一对，葫芦香袋一件"，海色初霞内悬挂"连四香袋一对，连二镶嵌香袋一对"。①

清代，一些地方官员会在节日期间向宫廷进献一些香袋，这些由地方进入宫廷的香袋，丰富了清宫香袋的类别。如乾隆四十五年（1780）四月，山东巡抚国泰进"百果香袋九十个，什锦香袋九十个"，②淮关监督徵瑞所进"绣四序凝祥圆式连四香袋十挂，绣五谷丰登圆式连五香袋十挂，绣六合同春圆式连六香袋十挂，绣七宝敷荣圆式连七香袋十挂，绣保和太和小香袋一百个，绣连壁同规小香袋一百个"，③杭州织造四德进"缂丝连四大香袋二十挂，细绣连四大香袋二十挂，紫金锭线络念珠一百串，紫金锭线络香珠一百串，什锦香袋一百个，彩绣香袋一百个"。④在短时间内，不同地域、不同风格的香袋汇入宫廷，也使得宫廷在与地方不断交流的过程中，逐渐形成了清宫香袋独特的宫廷风格。

总体来看，清宫香袋与民间香袋在基本造型和图案上差异不大。在造型上与传统的香袋大致相同，有单一香袋和连体香袋两类，均是以纺织品包裹香料，通过香料的自然挥发释放香气。图案包括各类吉祥图案和带有吉祥寓意、辟邪意义的图案造型，这与民间香袋的装饰图案大致相近。清宫香袋和民间香袋相较，其不同之处在于宫廷的香袋制作更为精良，品质更佳。在造型和图案装饰细节上，宫廷往往会吸收不同地域、不同民族的装饰风格并将其糅合于香袋之上，形成了皇家香袋的特色。

二 清宫香袋的制作

1. 新作

清代，宫廷造办处每年都会制作大量的香袋以备使用。档案记载，在制作过程中，皇帝通过样稿、谕旨及对成品的反馈等各种方式将自己的喜好、理解、审美情趣有效地传达给造办处的工匠们，几乎在每一个环节我们都能看到皇帝对细节的审查和要求：

（1）样稿

样稿是皇帝与工匠之间进行信息交流和沟通的媒介，是皇帝传达自己意图的再现，也是工

---

① 《总汇》第 8 册，第 134 页，人民出版社，2005 年。
② 《总汇》第 44 册，第 377 页，人民出版社，2005 年。
③ 《总汇》第 44 册，第 382 页，人民出版社，2005 年。
④ 《总汇》第 44 册，第 383 页，人民出版社，2005 年。

匠理解皇帝意图并将其表现出来的一种初步形态。因香袋本身构造较为简单，因此所用样稿主要有实物样、纸样两类。

实物样。实物样即直接以实物为样本制作，可最清晰明了地展现皇帝的要求，造办处的工匠只需照样制作即可。在清宫香袋制作过程中，大量使用宫廷的香袋做样本。如"司库白世秀来说奏事太监王长贵等交绣五毒连三香袋二挂，传旨：将此交与吉葆、申祺合等照样各做十五对，每年节间进来，钦此"。①这两挂绣五毒连三香袋就是内府交与杭州的实物样。再如雍正六年（1728）五月，因"造办处所进的香袋甚糙"，雍正下旨："朕有内府取来香袋样子，尔何不照样做来呈进，钦此。"于是"郎中海望持出：甜瓜式香袋一件，佛手式香袋一件，葫芦式香袋一件，蓝青绫杂羊皮金五毒符儿香袋一件，五色绫杂羊皮金五毒符儿香袋一件，黄缎绣莲花缉珠寿字香袋一件，黄缎长方缉珠寿字香袋二件，黄缎绣夔花缉珠万字香袋二件，黄缎绣如意缉珠如意寿字香袋一件，红缎桃式缉珠寿字香袋二件，红缎葫芦式缉珠如意寿字香袋一件，红缎绣从线菊花夔花香袋一件，石青缎缉珠夔龙绣太极图香袋一件，黄缎梅花式绣五福捧寿香袋一件，黄缎绣五色夔龙香袋一件，圆形绕五色绒福香袋一件，圆形绕五色素绒福香袋一件。奉旨：着照样做些，以备来年端阳节呈进"。造办处于雍正七年（1729）三月二十四日，"照样做得各式香袋九十六个并原样二十四个，郎中海望呈进讫"。于雍正七年（1729）四月三十日，"照样做得各式香袋六十个，郎中海望呈进讫"。②从档案记载来看，雍正交与内务府的做样内府香袋包括了各类植物造型的如甜瓜式、佛手式、葫芦式等，端午节使用的五毒符儿香袋，寿字、万字等各类吉祥寓意香袋，等等。

清代，江浙等地的地方官特别是三织造每年都会进贡一定数量的香袋供宫廷使用，如"织造西宁进贡内奉旨：西宁所进连三香袋九对着伊送往京城，钦此"。③这种三织造进贡的香袋属于例贡，每年都要进。除了三织造，其他地方官员也会进贡一定数量的香袋，如乾隆二十六年（1761），"长芦盐政进缂丝连三香袋十挂，细绣连三香袋十挂，缂丝连二香袋十挂，堆花连二香袋十挂，细绣连二香袋十挂，细绣小香袋一百个"。④再如"九江关监督海福呈进贡内有亮花缎一项，着驳回，嗣后不必采办。其什锦香袋等八项，此次留下，嗣后不必采办，钦

---

① 《总汇》第 14 册，第 438 页，人民出版社，2005 年。
② 《总汇》第 3 册，第 361 页，人民出版社，2005 年。
③ 《总汇》第 29 册，第 747 页，人民出版社，2005 年。
④ 中国第一历史档案馆藏：奏销档 256—146，奏报进呈原任长芦盐政关柱进贡物品片，乾隆二十六年四月二十六日。

此"。①"四川总督富勒浑进贡内奉旨驳出：嵌松香袋九对"。②"高恒所进小香袋香配等物过多，传谕：嗣后令其少进，钦此"。③不论是留下的还是驳出的，都说明当时有些地方官会采办一些香袋进贡。这些地方官员进贡的香袋除了供宫廷使用，皇帝会将一些做得好的作为样子令三织造照样制作。如"奏事太监王常贵等传旨：今年杭州织造伊拉齐呈进的香袋好，每年呈进时照此样呈进，钦此"。④"奏事太监王常贵等传旨：苏州织造安宁今年呈进的香袋好，嗣后每年呈进时照此做法，连五连四连三连二每样或五对或十对，一样办造呈进"。⑤由此可见，乾隆对伊拉齐和安宁此次所进的香袋很满意，令其照样制作呈进。同时，这些由地方官呈进的精美香袋也可以为宫廷制作香袋提供更多的样本选择和设计思路。

纸样。纸样是宫廷制作物品时最常用到的样稿形式，造办处工匠理解皇帝的旨意，设计样稿，"画样呈览"，皇帝审核所呈纸样，决定"照样准做"或是进行修改。纸样相比于实物样在形式和装饰设计上更加灵活，能更好地发挥工匠的聪明才智。如"柏唐阿阿老格持来年年长如意香袋画样一张，五福捧寿香袋画样二张，扁豆式香袋画样一张，葫芦式福寿香袋画样一张，菊花式香袋画样一张，余长如意香袋画样一张，说郎中海望传：着照样每样做香袋十个，记此"。⑥再如"柏唐阿阿老格持来福寿香袋画样一张，喜相逢香袋画样一张，双圆香袋画样一张，双凤双圆香袋画样一张，玉玦式香袋画样一张，说郎中海望传：着照样每样做香袋十个，记此"。⑦从阿老格所进的这十二张画样来看，基本上是以吉祥如意图案为主。正如林姝在《雍正时期的吉言活计》一文中所言："虽然吉言活计在内容上不能免俗，但却因雍正皇帝的文化修养和文人情怀，加之反复强调的文雅、精细以及恭造之式的审美标准要求，使成品趋于极致。整体上立意巧妙、造型严谨、色泽雅致、做工精细，显示出独树一帜的高雅格调。"⑧

此外，皇帝还会对一些工匠设计的样稿进行修改，以使其符合自己的要求，如内务府交出"画得香袋一件"，雍正下旨："照样做香袋一对，其宝盖用象牙茜绿的，宝盖之下穿金线络字，上配蛮子珠九个，俟里边交出香袋，面用鹅黄缎，地上绣夔龙寿字，香袋下打金线花儿结子，

① 《总汇》第 29 册，第 10 页，人民出版社，2005 年。

② 《总汇》第 39 册，第 192 页，人民出版社，2005 年。

③ 《总汇》第 29 册，第 263 页，人民出版社，2005 年。

④ 《总汇》第 10 册，第 297 页，人民出版社，2005 年。

⑤ 《总汇》第 10 册，第 297 页，人民出版社，2005 年。

⑥ 《总汇》第 3 册，第 473 页，人民出版社，2005 年。

⑦ 《总汇》第 3 册，第 477 页，人民出版社，2005 年。

⑧ 林姝：《雍正时期的吉言活计》《两岸故宫第一届学术研讨会——雍正其人其事及其时代论文集》。

下穿鹅黄穗配珊瑚珠，钦此。"① 可见，雍正对这对香袋的颜色、用料、配珠、图案等均作了详细的要求。

（2）制作

从档案来看，清宫造办处制作的香袋数量是很大的，不仅可以满足宫廷日常需要，同时还大量用于赏赐。如"郎中海望员外郎满吡传：做年例端阳节川椒香袋二十个，绕绒符香袋四十个，赏用黄香袋二百五十个，红圆香袋二百五十个，白圆香袋二百五十个，记此"②。再如"郎中海望传：做各式香袋一千二百个，川椒扇器二十个，记此。于四月二十六日，做得黄缎长方香袋一百一十个，红缎长方香袋六十个，白绫长方香袋六十个，绕绒符香袋四十个，红缎圆香袋四十个，绣五色缎香袋一百一十个，赏用黄缎香袋二百七十个，红缎圆香袋二百个，白绫圆香袋二百七十个，川椒扇器二十个，首领太监李久明、萨木哈持去交太监刘希文，讫"③。从档案记载来看，赏赐所用的香袋数量占的比重很大。雍正皇帝认为："尔等做得赏用眼镜、火镰包等物，虽系赏用，不要粗糙，要精细，使外边人员敬重钦赐之物，钦此。"④ 因此，造办处对所做活计的要求非常严苛、精细。

清宫所做香袋所用的材料一般是从衣服库领取，如雍正曾质问海望"做香袋何必用整材料，钦此"。海望回复称"做香袋所用的材料俱系向衣服库行取零碎材料使用等语奏闻，奉旨：甚是，钦此"⑤。而具体负责制作的则是由绣作的工匠完成，如雍正九年（1731）正月初六日至三月初五日，为做年例香袋，先后两次"用裁缝闻和尚、周有见、张二格、查景明、黑达子、小张二格、六十四、郭常保、杨七十一、小七十一，绦儿匠王三、佛保柱、王子明、双顶，绦丝匠吴天相，堆纱匠赵元臣"⑥。从档案来看，这些工匠长期在宫内服役⑦，对皇帝个人的要求和喜好较为了解，因此能较好地完成皇帝交与的任务。

2. 收拾见新

除了新做香袋，清宫还对很多使用过的香袋进行收拾、修补，使之可以继续使用。从档案记载来看，这些香袋多是以宫殿陈设香袋为主。如乾隆二年（1737）三月初九日，总管刘沧州、首领开其里传旨："将园内香袋俱交内大臣海望收拾，换绳子系子，有应收拾者收拾，有

① 《总汇》第 1 册，第 456 页，人民出版社，2005 年。
② 《总汇》第 3 册，第 455 页，人民出版社，2005 年。
③ 《总汇》第 2 册，第 763 页，人民出版社，2005 年。
④ 《总汇》第 3 册，第 76 页，人民出版社，2005 年。
⑤ 《总汇》第 3 册，第 361 页，人民出版社，2005 年。
⑥ 《总汇》第 5 册，第 154 页，人民出版社，2005 年。
⑦ 如裁缝张二格、绦丝匠吴天相等人一直服役到乾隆二十九年（1764），因年老或病故等原因才离开宫廷。《总汇》第 37 册，第 628 页，人民出版社，2005 年。

收拾不得香袋穗子俱换在应收拾香袋上，钦此。"① 从档案来看，香袋收拾见新主要有香袋破旧、绳系老化、穗子褪色等问题。

香袋破旧。如乾隆二年（1737）检查圆明园，其中"勤政殿，连四香袋十三对，连三香袋一对，连七香袋二对，连五香袋一对，连二香袋十三对，小香袋三十一个，吉庆香袋一对，葫芦香袋一件，连五紫金锭吊挂一对蟾酥帐锭二对，以上香袋俱破坏"，"万方安和，连四香袋十对，连七香袋一对，连五香袋十对，连三香袋一对，以上香袋俱破坏"。清宫对不可用的香袋会另换新的使用，仍可用香袋多进行修补收拾见新，如乾隆三十八年"太监胡世杰交：穿珠吊挂填香袋四挂，破旧不全，传旨：吊挂上料珠坠角俱拆下作材料用，仍将香袋穿好交进，钦此"。② 再如"初九日，催长四德、笔帖式五德来说太监胡世杰交：挑杆香袋二十七对，清净地五对，佛楼二十二对，传旨：着收拾见新，另换穿珠络，钦此"③。从这两条档案中我们可以看出，香袋主体可收拾见新，而所配珠络则往往需要更换。

绳系老化、穗子褪色。如"太监毛团交雕象牙连五大香袋二挂，传旨：着换绦子，见新收拾，用合香盛装，钦此。于五月初三日，司库刘山久收拾雕象牙连五大香袋二挂，换得绦子交太监毛团呈进，讫"④。这两件香袋换绦子后得以继续使用。还有一些穗子褪色，需更换新穗子，如"太监毛团交：连七香袋一对。传旨：将香袋上牌子换锦刷子，香袋往薄里收拾，穗子应收拾者俱各收拾，钦此"⑤。再如"太监毛团交：连七香袋一对，小香袋三十二件，传旨：将小香袋连成做两边挂络用，将黄穗子换五色穗子，络子俱换锦刷子，香袋俱各往收拾。于本日……俱收拾换得新穗子持进"⑥。

清代宫殿内悬挂香袋用的是钩钉。如"做挂香袋钩钉一百个"⑦。"年例挂香袋，着做小铁钩头钉一百个"⑧。针对不同的香袋还会制作大小不一的钩钉，如"着做二号钩头钉六十对，三号二十对，挂香袋用"⑨。再如"做挂香袋钩头钉一百二十个，记此。头号二十个，二号五十个，三号五十个"⑩。皇帝对宫殿内悬挂的香袋要求也很细致，如乾隆曾传旨："保和、太和现挂

①《总汇》第 8 册，第 133 页，人民出版社，2005 年。
②《总汇》第 36 册，第 37 页，人民出版社，2005 年。
③《总汇》第 30 册，第 277 页，人民出版社，2005 年。
④《总汇》第 8 册，第 136 页，人民出版社，2005 年。
⑤《总汇》第 9 册，第 381 页，人民出版社，2005 年。
⑥《总汇》第 9 册，第 380 页，人民出版社，2005 年。
⑦《总汇》第 19 册，第 588 页，人民出版社，2005 年。
⑧《总汇》第 22 册，第 486 页，人民出版社，2005 年。
⑨《总汇》第 24 册，第 279 页，人民出版社，2005 年。
⑩《总汇》第 18 册，第 46 页，人民出版社，2005 年。

之香袋俱各歪了，着造办处收拾另挂，钦此。"①

总的来看，清宫所用的香袋由于本身属于一类小型针绣活计，构造相对简单，而复杂的部分在于香袋外在的材料装饰，因香袋形制各异，在选材和装饰上各具特点，所以皇帝会追踪一些制作的细节步骤，从审查样稿到成品验收，尤其是一些表面装饰的具体要求，往往要经过反复的沟通才能使其更好地符合皇帝的意愿。

三 制作过程中皇帝与工匠间的理解与反馈

在清宫香袋制作的过程中，从样稿的审查、材料的选择到成品验收，皇帝本人都参与其中并发挥着重要作用。皇帝通过各种媒介向官员和工匠们传达着自己的要求，与其进行沟通、交流并相互理解，使皇帝的艺术追求与工匠的技艺和谐统一起来。从档案记载来看，皇帝与工匠的交流有两个层次的表现：一是工匠理解皇帝的要求并在实际制作过程中将其表现出来，以实物成品的方式展现皇帝的艺术追求。二是皇帝吸纳工匠呈交的优秀作品，并将这些作品中的创新之处进行延伸，并将其反馈到新的作品上。如档案记载：

"雍正三年（1725）十月初七日，画得香袋一件，员外郎海望呈览奉旨：照样做香袋一对，其宝盖用象牙茜绿的，宝盖之下穿金线络字，上配蛮子珠九个，俟里边交出香袋，面用鹅黄缎，地上绣夔龙寿字，香袋下打金线花儿结子，下穿鹅黄穗配珊瑚珠，钦此。"②从档案来看，雍正对造办处上交的画样进行审核，在基本同意的基础上，对一些细部进行改进，并对所用材料有所要求，"宝盖用象牙茜绿的""面用鹅黄缎"等，这些要求显示了雍正个人的审美情趣。且档案记载，造办处内制作香袋的工匠一直较为固定，诸如裁缝闻和尚、周有见、张二格、查景明、杨七十一，绦儿匠佛保柱、王子明，绦丝匠吴天相等人长期服务于宫廷，对于皇帝个人的喜好和审美情趣能够通过反复交流逐渐理解并将其付诸于具体实物之上。

"乾隆六年（1728）五月初二日，奏事太监王常贵等传旨：苏州织造安宁今年呈进的香袋好，嗣后每年呈进时照此做法，连五连四连三连二每样或五对或十对，一样办造呈进，再今呈进连二香袋宝盖窄些，做时再放宽些，两边的小香袋穗子短些，做时再加小，小香袋一排穗子一般齐，钦此。"③从档案来看，乾隆对苏州织造安宁所进的香袋很满意，并在所进实物的基础上按照自己的意愿进行改造，其要求也体现了乾隆皇帝个人审美情趣。这些安宁所进的香袋也

① 《总汇》第 10 册，第 295 页，人民出版社，2005 年。
② 《总汇》第 1 册，第 456 页，人民出版社，2005 年。
③ 《总汇》第 10 册，第 297 页，人民出版社，2005 年。

会成为宫廷继续制作香袋的样品，皇帝吸纳呈交的优秀作品，并将这些作品中的创新之处进行延伸，将其反馈到新的作品上[①]。

香袋本身并不会释放香气，因此香袋内必须放置香料，清宫使用的香袋中盛装的多为合香而成的香饼或香面，如"太监毛团交雕象牙连五大香袋二挂，传旨：着换绦子，见新收拾，用合香盛装"。皇帝对香袋内香料的要求非常精细，对配方的选择也有自己的见解。如"太监毛团传旨：将前者呈过之象牙墙绣香袋所装之香甚好，再将香面和些送进来，钦此。于四月十三日，司库刘山久、催总白世秀将合得香面十三两二钱五分，随合香方子一件持进交太监毛团呈进讫"[②]。再如"员外郎海望奉旨：尔等做得香袋气味不好，或者麝香配多了，亦未可知，若再做时斟酌配合，钦此"[③]。从这两条档案来看，皇帝对合得好香方的评价为"甚好"，要求"再将香面和些送进来"。对一些达不到其要求的香方则要求"再做时斟酌配合"。

四 结 语

通过上述论述，我们可以得出以下三点认识：

首先，清宫的香袋制作工艺在承袭前代的基础上，在很多方面都有所创新。皇帝不仅任用高水平的工匠负责香袋的制作，而且还注意吸收当时江南地区等一些先进的纺织工艺技术。这些举措促进了清宫香袋制作的发展，形成了品类齐全、百花齐放的局面。由于宫廷高标准、严要求，使得当时的香袋制作呈现出材质上乘、纹饰精美、造型别致的特点，在中国香袋文化史上也占有重要的地位。

其次，中国传统社会皇权代表一切，统治者的意识形态、文化传统、生活背景和审美情趣，决定了一个时代的产品特别是宫廷特殊消费品的品种和艺术风格[④]。在雍正和乾隆朝清宫香袋制作的过程中，皇帝个人的艺术追求对其所施加的影响显而易见，是其始终潜在的组织者。作为具体执行者的工匠则遵照皇帝的意图，在反复修改中逐渐理解并将其付诸实物。

最后，皇帝与工匠在香袋制作过程中的交流是以皇帝为主导，工匠能动的接收与反馈的过

---

① 薛凤先生认为："清代宫廷在吸纳各地贡物的同时，也表现出了要将自己融入社会技术体系中的愿望，将各地的工艺融合到京城、宫廷乃至造办处这个平台中，以成品实物的方式将其展现出来。"参阅薛凤：《追求技艺：清代技术知识之传播网络》《宫廷与地方：十七至十八世纪的技术交流》第9页，紫禁城出版社，2010年。

② 《总汇》第8册，第135页，人民出版社，2005年。

③ 《总汇》第1册，第772页，人民出版社，2005年。

④ 张琼：《皇权与技艺：清代内织染局考察》《宫廷与地方：十七至十八世纪的技术交流》第121页，紫禁城出版社，2010年。

程，是一种双向互动而最终融合交汇的交流模式。江南三织造等宫外机构以呈交成品、向内府输送掌握技术的工匠等方式将宫外的技术、工艺等传入造办处，造办处工匠在此基础上对这些工艺接收、改良或创新，使之符合皇帝的审美要求，最终形成了源于民间又不同于民间的宫廷风格。

‖内容提要‖

清宫灯戏，是清宫上元节和皇帝、皇太后万寿节庆
典演出的重要戏剧之一。承应灯戏，康熙、乾隆时
期达到鼎盛，随着国力的衰落，清宫灯戏的规模相
对缩小。至清末光绪时期慈禧当政后，清宫又恢复
了灯戏的表演活动，每年上元节和慈禧太后万寿节，
都要准备隆重的灯戏表演。本文从故宫博物院藏戏
本出发，对《福禄寿灯》戏的版本、总本的情节内
容、演出场所、表演特点加以探讨。

‖关键词‖

故宫博物院藏《福禄寿灯》戏本　版本　总本情节
内容　演出场所　表演特点

浅析故宫博物院藏《福禄寿灯》戏本

梁宪华

故宫博物院，副研究馆员。

灯彩戏是以灯彩形式为舞台美术的戏曲演出。灯彩道具的灯彩化由来已久，中国民间舞蹈中即有"舞灯"。明代已有人把舞灯戏剧化，使其成为带有情节性的抒情舞蹈，或者把它收到了某一出戏里来，作为剧中的一个歌舞场面。到了清代，上元节和万寿节的演出演变成由多人舞灯并拼出各种吉祥文字的灯戏。清宫灯戏剧目繁多，据文献记载有《福禄寿灯》《三阳开泰灯》《万代喜庆灯》《万福万寿灯》《万年长春富贵灯》《太平春灯》《万年甲子灯》《江山万代灯》《一统万年灯》等。

一　《福禄寿灯》版本、情节内容

1.《福禄寿灯》版本

傅惜华《清代杂剧全目》云："无名氏撰。清人以来，戏曲书目，未见著录。按此剧系

《皇帝圣寿》承应戏。别题：福禄寿灯寿祝万年。此剧现存版本，计有：

昇平署安殿本。标名云：福禄寿灯。有曲谱。前国剧学会旧藏，今归中国戏曲学院。

昇平署抄本。标名云：福禄寿灯。总本。四部。故宫博物院藏。

昇平署抄本。标名云：福禄寿灯。曲谱。故宫博物院藏。

昇平署抄本。标名云。福禄寿灯。题纲。六部。故宫博物院藏。

昇平署抄本。标名云。福禄寿灯。排场本。三部。故宫博物院藏。

清抄本。标名云：福禄寿灯祝万年。曲谱。剧名上注《万寿唱》。仅有曲文，注宫谱。曹心泉旧藏，今归中国戏曲学院。"①

2.《福禄寿灯》总本的情节内容

故宫博物院藏《福禄寿灯》总本有多寡之分，篇幅有长短之别，情节有繁简之异。就总本而言，一部为八出，有故事情节。其他《福禄寿灯》为单出戏，篇幅短，无故事情节。因其单出本篇幅短，照录如下：

舞灯人走式科唱

[奉时春]春暖蓬壶日影长，映碧宇彩云千丈。紫气东来，瑶池西向，骗跹鸾鹤腾空降。

[八仙会蓬海]日华仙掌，看霭霭香尘，飘影摇曳晴光。琼筵初启，南山辉映霞殇。贯赤城朝霞璀璨，环太液春风荡漾。云璈响，风鬓鸾停早迎仙仗。

[杯底庆长生]辉煌闪有光，晶莹南极星垣朗。一派琴韵，箫声歌彻，瑶台鬓光。袂影艳拂云裳，指翠扇霓旌飘飏。只和来万岁台前，千秋筵上，献交梨枣琼浆。

[八仙会蓬海]桂影飘香，银河溜亮。醉灵液，春风玉露沾裳。云屏珠树，图描阆苑风光。大安排清歌艳，舞应欢笑人间天上。纷来往都是玉宇芝眉，神仙模样。

[羽衣二叠]丝竹邀清赏，丝竹邀清赏，秦台箫引凤现缦笙鹤氅。屈曲星桥环碧汉。荫虬龙柏古松苍。声情谐畅，羽衣催拍按霓裳，羽衣催拍按霓裳。鹤影高骞鸾影翔，缓蹇金玲响，香辒骈驾瑞霭霄壤。冰弦玉柱声嘹亮，银筝象管音飘荡，恰合着景庆钟祥。颂明良应赉飏，紫云开锦，篆排空朗。万寿祝无疆，山呼舞踏拜君王。

[千秋舞霓裳]孕灵椿是芝液琳酿，味甘鲜膏腻流浆。海屋添筹则有度，索蟠桃堪赏，随班献舞尧阶上。云根染翠露华香，剖紫实恩烦分饷。喜孜孜寿字同登，戴圣

① 傅惜华：《清代杂剧全目》第601页，人民文学出版社，1981年。

沈阳故宫博物院院刊 第三十辑

泽长。

[庆余] 太霞传谱千秋赏，合助皇宫祝未央。却好歌舞熙朝把盛德扬。

同上。

《福禄寿灯》总本（八出）情节内容：

第一出《普陀梵唱》：曲牌依次为 [双令江儿水] [前腔] [前腔]。点题："奉玉旨即今万寿令节，我等星垣各将、土司、福禄，呈献天庭，恭庆圣母皇太后，福禄绵长之瑞。"戏本提示说明："内作擂鼓三通响法器毕，十八罗汉，四仙童、韦护、善才、龙女引观音上。"戏本提示说明："场设香山、紫竹林，扔敲法器，吹打归座观音。"香山、紫竹林是剧中需要而设置的场景。观音菩萨："昨奉我佛法旨恭逢万寿届期，命我为添筹领袖，广大佛门，以结善缘，为此去请福禄二位星君到来，一同商议，敢待来也。""善才、龙女、福星、禄星：'将锡福增禄合舞，宴前以表嘉祥。'戏本提示说明："善才、龙女捧大青瓶，插大如意，上天井，下匾。"大青瓶是道具，天井下匾，匾是能活动的道具，上面有吉祥文字。

第二出《九阳慕道》：曲牌依次为 [引] [桃花红] [前腔] [归仙洞]。如意真君白："你去取净水宝剑过来待我炉炼功成，好一同祝圣。"戏本提示说明："场设炉介。"炉介是道具。提示说明："四仙童引吉祥仙上。"吉祥大仙白："请问大仙此丹有何妙处。"如意真君白："人若食之自能白日飞升长生永寿。"丹炼成。

第三出《南山寿现》：曲牌依次为 [浪淘沙] [新水令] [步步娇] [折桂令] [江儿水] [雁儿落] [侥侥令] [妆江南] [园林好] [沽美酒]。南极星君命座下童子白鹤童率众师弟看管无量葫芦。东方朔为了和南极星君争当祝寿领袖，从瑶池偷得蟠桃一个，准备赴神京献寿。路上遇到如意真君座下的孔雀童，东方朔怂恿孔雀童一起盗取至宝无量葫芦。白鹤童发现葫芦被盗，正巧撞见铁拐李身背葫芦，白鹤童误以为铁拐李偷了至宝，白鹤童和众师弟一起抓住了铁拐李。

第四出《蓬莱仙集》：曲牌依次为 [风人松] [急三枪] [风人松] [急三枪] [风人松] [急三枪]。吕洞宾岳阳楼痛饮，"遥观世人皆往皇州称庆，因此回返蓬莱去与张果老、汉钟离等商议朝天之事"。吕洞宾遇到偷葫芦的东方朔，以及娟子、灵寿光、马成子、关尹子。

第五出《羽童感格》：曲牌依次为 [驻马听] [前腔] [驻云飞] [前腔]。韩湘子、汉钟离、何仙姑，一同去救铁拐李，与白鹤童等交战，张果老、吕洞宾问明缘由，吕洞宾白："我方绕在途中遇着东方朔，他背着东西，宛然似我们在万仙会上所见之宝。"众仙白："如此同到洞中把拐仙放了如何。"

第六出《群真向化》：曲牌依次为［甘州歌］［前腔］［前腔］。元始天尊命南极寿星"为群仙领袖先往神京，候待诸佛仙神，至期共庆当今圣母皇太后万寿圣诞"。南极星君命鹿鸣"可回洞中去取了无量寿葫芦，与白鹤童儿前来"。众仙齐聚，一同向神京进发。

第七出《方外来宾》：曲牌依次为［点绛唇］［混江龙］［油葫芦］［天下乐］［寄生草］［么篇］。白鹤童、鹿鸣仙追上东方朔白："大仙慢行我等来也。"东方朔被白鹤童等追打。经观音菩萨点化，化解了矛盾，众仙同心献寿，前往神京。

第八出《环中拱瑞》：曲牌依次为［粉蝶儿］［好事近］［上小楼］［好事近］［叠字令］［庆余］。"九威赫感应韦陀奉如来佛旨，恭遇当今圣母皇太后万寿圣诞。前已命我邀请十方诸佛菩萨至期恭庆。今日又命我先往神京迎接观音菩萨法驾，共庆万寿。"寿星白："我等奉元始天尊法旨，恭逢当今圣母皇太后万寿圣诞，我等前往神京增福、增禄、增寿。"观音上："吾奉如来佛旨"，"捧有太极之祥，以谓三阳开泰"。众仙将无量寿呈献。戏本提示说明："走排场，摆字。"是按照一定的队形载歌载舞，并拼出福、禄、寿字样。戏本提示说明："摆字完，吹打，众献彩。""［叠字令］……现层层宝塔，……"剧中现宝塔。庆寿毕。

二 演出《福禄寿灯》场所

清乾隆时期观灯戏是上元节灯戏，灯戏一般在圆明园山高水长举行。光绪年间，慈禧皇太后当政，无论是正月上元节，还是十月初十慈禧万寿节都要承应《福禄寿灯》。光绪时期以后，演出场所不光在圆明园山高水长，演出场所扩大到西苑的仪鸾殿、颐和园的乐寿堂、颐和园的排云殿等地演出。

1. 嘉庆二十四年（1819）昇平署《恩赏档》记载："正月十三日，山高水长承应《福禄寿灯》"[1]

山高水长位于圆明园的西南部一处空旷之地，占地面积 1150 平方米，是圆明园十景之一。殿为两层楼，宽九间，俗称"西园"或"西苑"，乾隆皇帝亲赐名曰"山高水长"。朝鲜使者在《燕行录》详细描述了其在乾隆五十七年（1792）正月十三日在圆明园看到的山高水长殿：

历二门，行百余部，有二层阁，匾曰"山高水长"。不饰金玉，不施丹青，天然有尘外想。阁上庑下悬羊角灯，阶墀左右以丝帐，帐中以青纸作假山，其上各悬彩灯。数十步结丹香作

---

① 中国国家图书馆：《清宫升平署档案集成》第 1 册"恩赏档"，第 165 页，中华书局，2011 年。

篱，而中间正路，路东西及清朝官员及诸使臣点班之所也①。

2. 上元节承应《福禄寿灯》，光绪十二年（1886）昇平署《旨意档》："十月初八、初九、初十，西厂子承应《福禄寿灯》。十一日，西厂子承应《福禄寿灯》"②

"山高水长在圆明园之西，俗呼西厂，地势宽阔，宜陈火戏。"③

3. 慈禧万寿演出延续到十五日，光绪十七年（1891）正月十六日，昇平署《差事档》"仪鸾殿承应《福禄寿灯》"④

仪鸾殿位于清代西苑中海西岸，建于清末光绪年间。作为慈禧太后的寝宫和归政后的颐养之所，仪鸾殿与慈禧的生活紧密相关。

4. 光绪二十年（1894）昇平署《旨意档》："（十月）初十日乐寿堂伺候《福禄寿灯》"⑤

乐寿堂是颐和园内慈禧的寝宫。乐寿堂面临昆明湖，背倚万寿山，东达仁寿殿，西接长廊，是园内位置最好的居住和游乐的地方。堂前有慈禧乘船的码头，檐下挂"乐寿堂"黑底金字横匾为光绪手书。乐寿堂仿长春园淳化轩规制，其南北庭院东西廊壁嵌敬胜斋帖石刻。光绪二十年（1894）慈禧太后曾在此居住，以西暖阁为寝室。

5. 光绪二十九年（1903）昇平署《恩赏日记档》："（十月初十日），排云殿承应《福禄寿灯》"⑥

排云殿建筑群位于万寿山南麓的中部，是颐和园南北中轴线上最重要的核心景观。其始建于清乾隆时期，曾以延寿寺为主体建筑，是清末慈禧太后举行万寿庆典的地方。整个景区占地约8000平方米，以排云殿为中心，由排云门、玉华殿、云锦殿、二宫门、芳辉殿、紫霄殿、排云殿、德辉殿及连通各座殿堂的游廊、配房组成。该建筑群1860年被英法联军焚毁，1886年慈禧重建，改延寿寺下半部分为举行庆寿典礼的排云殿建筑群。

6. 光绪二十八年（1902）昇平署《日记档》：正月"宁寿宫伺候戏，初二日、初三日忌辰、初四日、初五日、初六日午时上学响排，平安如意，过《福禄寿灯》"⑦

《清宫述闻》云：紫禁城内"皇极殿后为宁寿宫，宫制如坤宁宫，西楹为设煮肉祭神大锅、吃肉木坑之所，东楹为东暖阁。宁寿宫，清康熙二十八年（1689）初建，时为宁寿宫后殿，乾

① 〔韩〕林基中编：《燕行录全集》卷七五，第185~186页，东国大学校出版部，2001年。
② 中国国家图书馆：《清宫昇平署档案集成》第33册"旨意档"，第17159页，中华书局，2011年。
③ 吴振棫撰、童正伦点校：《养吉斋丛录》卷十三，第182页，中华书局，2005年。
④ 中国国家图书馆：《清宫昇平署档案集成》第37册"差事档"，第19665页，中华书局，2011年。
⑤ 中国国家图书馆：《清宫昇平署档案集成》第39册"旨意档"，第20828页，中华书局，2011年。
⑥ 中国国家图书馆：《清宫昇平署档案集成》第45册"恩赏日记档"，第24310页，中华书局，2011年。
⑦ 中国国家图书馆：《清宫昇平署档案集成》第45册"日记档"，第24001页，中华书局，2011年。

隆三十七年（1727）修建时，始名之曰宁寿宫。嘉庆七年（1802）修，光绪十七年（1891）重修。"①

7. 光绪二十八年（1902）昇平署《日记档》（十月）"颐乐殿伺候差……二十六日，晚学过《福禄寿灯》"②

颐和园颐乐殿是颐和园三大组成部分之一，在大戏楼对面，专为慈禧看戏建造。殿内为慈禧太后设有宝座、休息室和寝室等，装饰陈设颇为讲究、奢华。

三 《福禄寿灯》总本（八出）的表演特点

1. 群仙拜寿

按出场顺序：天福星君、天禄星君、观世音菩萨、善才、龙女、韦护、九阳山如意真君、九阳山如意真君座下孔雀童、吉祥大仙、南极星君座下白鹤童儿、东方朔、曹国舅、张果老、蓝采和、何仙姑、铁拐李、吕洞宾、汉钟离、娟子、灵寿光、关尹子、韩湘子、六合童、南极寿星、鹿鸣仙、马成子、寒山、拾得、九威赫感应韦驼。

2. 舞台美术

布景

清宫舞台上有许多大型道具，使用一些软景隐蔽起来，其主要作用是为了遮挡舞台上大型道具的搬运，这就是帐幔，帐幔一般被装饰成烟云帐幔或者是祥云帐幔，以象征各个场景，像祥云帐幔后隐蔽的多是表现神佛仙境等的道具。第一出"场设香山、紫竹林"香山、紫竹林则是场上搭的场景。

下匾

天井上下匾属于活动道具，即从天井上飞出。匾上有各种吉祥文字。《福禄寿灯》戏台上的舞台设备主要集中在天井和地井这两个特殊出入口上。天井还会施放火彩，或飞出与剧情有关之物，来烘托演出气氛。

形儿

形儿指宫廷演剧中，神仙鬼怪的装扮。赵翼云："有时神鬼毕集，面具千百，无一相肖者。"为了能运用多种化妆手法，面具是演员的塑形化妆，又称"假面""脸子""磕脑"，塑形

---

① 章乃炜等：《清宫述闻》（初续编合编本）下，第694~695页，紫禁城出版社，2009年。
② 中国国家图书馆：《清宫昇平署档案集成》第45册"日记档"，第24059~24060页，中华书局，2011年。

化妆由面部到整个头部，则称"假头"或"套头""磕脑"。套头、磕脑均为面具的表现形式；由头部扩展到全身，则叫"假形""形儿"。第二出《九阳慕道》有乌鸦形、二雉鸡形、青鸾形、二喜鹊形、二鹤形、孔雀形。第三出《南山寿现》有白鹤形。

摆字、舞龙灯、摆大塔

《福禄寿灯》第八出戏是摆字、摆塔、舞龙灯。戏本提示说明是"走排场，摆字，唱"。戏中伶人身穿彩衣，手持彩灯，载歌载舞，走梅花瓣形、月牙如意、摆蝠儿、摆门子、摆两屏风、排圆圈、摆垛口、摆福禄寿字、摆大塔、舞龙灯①。

宝塔形有两种摆法：第一种共五层，底层13人，二层10人，三层9人，四层8人，最高为架子灯，由工程处制作。还有一种共七层，底层15人，二层12人，三层9人，四层8人，五层6人，六层4人，七层2人。戏本提示说明"此三层用灯架不用人上"。②

3.《福禄寿灯》的表演规模及其支出用度

舞灯人人数：60人左右。

嘉庆二十四年（1819）昇平署《恩赏档》：正月十三日"上赏《福禄寿》舞灯人六十名……"③

光绪二十八年（1902）《恩赏日记档》十月十二日："赏《福禄寿灯》舞灯人六十四名。"④

表演所需支出

《福禄寿灯》演出开销巨大。

光绪二十年（1894）昇平署《日记档》："十月初十日承应福禄寿灯应用红白蜡五百四十八支，黄蜡十四支，按例向敬事房讨领。"⑤

光绪二十八年（1902）《恩赏日记档》十月十二日："赏《福禄寿灯》舞灯人六十四名，每名银一两，大小灯二十二名，每名银一两。珠子灯二名，每名银四两。鼓一名银三两。随手二十八名，每名银一两。走场九名，银四两。帮场四名，银二两。承应灯差里外管箱、写字人等九十三名，银五十两。工程处跐墙，银二十两。"⑥

光绪二十九年（1903）昇平署《恩赏日记档》："正月十六日承应《福禄寿灯》应用红白

---

① 故宫博物院：《福禄寿灯》排场本。

② 故宫博物院：《福禄寿灯》排场本。

③ 中国国家图书馆：《清宫昇平署档案集成》第1册"恩赏档"，第55页，中华书局，2011年。

④ 中国国家图书馆：《清宫昇平署档案集成》第44册"恩赏日记档"，第23744页，中华书局，2011年。

⑤ 中国国家图书馆：《清宫昇平署档案集成》第40册"日记档"，第21179页，中华书局，2011年。

⑥ 中国国家图书馆：《清宫昇平署档案集成》第44册"恩赏日记档"，第23744页，中华书局，2011年。

蜡六百四十八支,按例向敬事房讨领。含和殿承应《福禄寿灯》[1],"十月初十日承应《福禄寿灯》大小龙灯、挑方灯,应用红白蜡六百四十八支,按例向敬事房讨领"。[2]

四 结 语

　　《福禄寿灯》戏是清宫上元节和皇帝、皇太后万寿节庆典演出的重要戏剧之一。此戏编创于乾隆时期,在乾隆、嘉庆朝曾多次搬演,至光绪时期,据档案记载每年都有大型《福禄寿灯》戏演出。戏本按照不同用途流传下来的有安殿本(供皇帝、皇太后使用)、总本、曲谱、题纲、排场本等多种戏本。就总本而言,有单出本、八出本两种版本,但其内容完全不同,只是戏名相同。从篇幅来看,《福禄寿灯》是所有灯戏中篇幅最大的,共包括八出戏。以声腔而论,演出采用的是昆腔。剧本编排上,福禄寿灯八出戏设置有一定的故事情节,另三部总本没有故事情节。舞台美术方面,在戏本中可以看出,配合戏台机关、道具切末的使用,夹杂着热闹的打斗等场面,最后以载歌载舞,场上现大塔的形式结束表演。

① 中国国家图书馆:《清宫升平署档案集成》第 45 册"恩赏日记档",第 24170 页,中华书局,2011 年。
② 中国国家图书馆:《清宫升平署档案集成》第 45 册"恩赏日记档",第 24309 页,中华书局,2011 年。

沈阳故宫博物院藏乾隆年御制石鼓文玩

杜恒伟

沈阳故宫博物院，副研究馆员。

一 关于"石鼓"和石鼓文

　　石鼓，为战国时期秦国刻石，因形似鼓形而得名。共十只，高二尺，直径一尺有余，上细下粗顶微圆（实为碣状）（图1）。唐朝初年，石鼓在岐州天兴县郊外（今陕西凤翔）发现，十个花岗岩材质的石鼓每个重约一吨，在十块巨石上以籀文刻了十首诗，原文七百余字，现仅存二百七十二字。有北宋拓本三种传世。其中，"作原"一鼓被凿去一截作

图1　石鼓

曰。石鼓铭文中多谈及渔猎之事，故又称之为《猎碣》。十首诗的次序为："吾车""汧殴""田车""銮车""霝雨""作原""而师""马荐""吾水""吴人"。石鼓在千余年间，存放地点屡次更迭，现存故宫博物院。

石鼓文有着重要的史料、文献、书法价值。石鼓文从文学角度看，被视为与《诗经》同体；从字体演进角度看，表现在它继承了籀文的传统，开创了小篆的先河。它是籀文发展到小篆的过渡。石鼓文字形结字较为方整，布局紧密，笔法圆劲，不露锋芒，历来为学篆书者所共宗。唐初苏勖说："虞褚欧阳共称古妙。"张怀瓘《书断》在谈到石鼓文时说："折直劲迅，有如镂铁，而端姿旁逸，又婉润焉。"[1]就是指石鼓文的书法特点。

二 沈阳故宫博物院院藏石鼓文玩

乾隆从三十九岁时得到石鼓拓片开始研究，到乾隆八旬时以"挽救"石鼓漫漶为己任，做了大量的御制石鼓诗文、石鼓碑、石鼓文玩用品。现将沈阳故宫博物院清宫藏品石鼓文玩介绍如下：

1. 石鼓砚

沈阳故宫博物院藏《端石仿古石鼓文砚》（图2、图3），以端石刻大面圆鼓造型，高3.5厘米，直径7.1厘米，无砚盖，有漆器囊

图2　沈阳故宫博物院藏清端石仿石鼓形砚

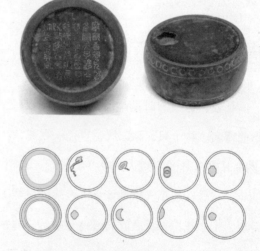

图3　沈阳故宫博物院藏清端石仿石鼓形砚正面、背面、鼓面墨池内造型图案（图三）

---

[1] 华东师范大学古籍整理研究室点校：《历代书法论文选》，第175页，上海书画出版社，1979年。

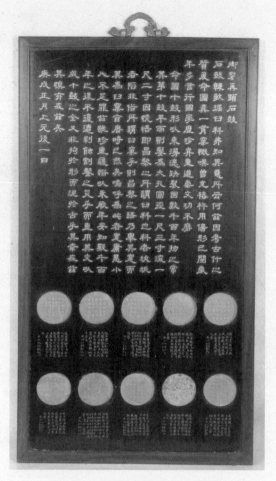

匣外盒。鼓身上下缘皆雕有鼓钉纹饰，砚面沿边起细棱为砚堂，砚堂上方凹下为偃月形梅花、双环、月牙、如意等造型各异的墨池，砚堂墨池内各有造型图案，每方砚底部都刻有"石鼓文"，并以天干为序排列。

2. 石鼓挂屏

现藏于沈阳故宫博物院的《石鼓挂屏》（图4），为乾隆五十五年（1790）清宫御制。挂屏长109厘米，宽62.6厘米，黑漆木板，紫檀木包边。挂瓶上部为隶书描金乾隆御笔：

御制再题石鼓

石鼓韩歌掘臼科，弗知其意所云何。兹因考古十之质，爰命图真一有窠。慨叹曾充春杵用，伤形已阅岁年多。言行国学历珍弆，重道崇文功不磨。命图十鼓形以来，漫漶缺裂，固数千百年物之常。其第十鼓平面则凿为大孔，圆径一尺三寸，深一尺二寸，因恍悟即昌黎之所谓臼科也。科者坎，坎者陷，非俗所谓臼窠乎。则昌黎之语，乃举其实，而其为臼窠自唐时已然矣。呜呼！为此者实庸愚小人不足罪，兹虽珍重护惜，以永厥年，安知数千百年之后，不复遭剥蚀割凿之灾乎。而重其文以成十鼓之全，又非拘于形而泥于古乎。其幸在兹，其慎亦在兹矣。庚戌（1790）正月上元后一日御笔。

图4　清紫檀边嵌玉石鼓挂屏

下部嵌玉石浮雕石鼓十面，依天干排序，其上描金作篆字石鼓文，每鼓下书有白色楷书释文。

乾隆五十五年（1790），即乾隆帝八旬大寿之际，他对石鼓进行了细致的整理、研究，并写了大量的石鼓御制诗文。同年，乾隆帝为张照草书《韩愈石鼓歌长卷》做跋尾[①]（图5），跋

①. 北京图书馆金石组：《北京图书馆中国历代石刻拓本汇编》第75册，第142~145页，中州古籍出版社，1990年。

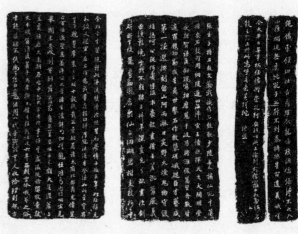

图 5 《观张照草书韩愈石鼓歌长卷作歌》碑

前行书题额"环辞神笔",上钤"典学勤政"印。张照草书《韩愈石鼓歌长卷》,录唐韩愈《石鼓歌》,原石现存北京东城区孔庙。拓片碑身均高226厘米,宽110厘米;额高49厘米,宽104厘米;两侧均高227厘米,宽33厘米。韩愈作为唐宋八大家之首,在石鼓研究方面为乾隆皇帝所宗。通过整理乾隆帝石鼓御制诗文,我们发现其中多有提及"韩昌黎"之处,乾隆帝尤其对韩愈的《石鼓歌》大加赞赏。现抄录张照《韩愈石鼓歌长卷》及乾隆帝《观张照草书韩愈石鼓歌长卷作歌》跋尾原文如下:

张照草书韩愈石鼓歌文:"余好古生苦晚,对此涕泪双滂沱。忆昔初蒙博士征,其年始改称元和。故人从军在右辅,为我度量掘白科。濯冠沐浴告祭酒,如此至宝存岂多。毡包席裹可立致,十鼓只载数骆驼。荐诸太庙比郜鼎,光价岂止百倍过。圣恩若许留太学,诸生讲解得切磋。观经鸿都尚填咽,坐见举国来奔波。剜苔剔藓露节角,安置妥帖平不颇。大厦深檐与覆盖,经历久远期无陀。中朝大官老于事,讵肯感激徒媕婀。牧童敲火牛砺角,谁复著手为摩挲。日销月铄就埋没,六年西顾空吟哦。羲之俗书趁姿媚。数纸尚可博白鹅。继周八代争战罢,无人收拾理则那。方今太平日无事,柄任儒术崇丘轲。安能以此上论列,愿借辩口如悬河。石鼓之歌止于此,呜呼吾意其蹉跎。

昔近考订石鼓文,石鼓文纷不胫走。帝王所好可弗慎,讵增惬哉衹增醜。兹阅昌黎之本歌,益奇两出张生手。岂我独是韩之说,韩而有灵藉张剖。行以颜争坐位帖,笔不求佳勃勃酒。物必有双语信乎,长卷直幅贲四友。十鼓十什永周宣,数典韩张碑并寿。观张照草书韩愈石鼓歌长卷作歌，庚戌仲春御笔。"

沈阳故宫博物院藏石鼓挂屏可以说是乾隆帝喜好石鼓的直观体现。此挂屏从考察韩愈《石鼓歌》的角度，阐述保护石鼓的重要意义，并恢复一缺损石鼓，而成为十全鼓之况。

三 两地故宫藏乾隆年间御制石鼓文玩概况

由于乾隆对石鼓文化的热衷，清宫御制石鼓文玩也就随之异彩纷呈，下面介绍故宫博物院、中国台北故宫博物院藏石鼓文玩情况：

1. 石鼓砚

与沈阳故宫博物院藏石鼓砚比较可见，故宫博物院、中国台北故宫博物院所藏石鼓砚（图6、图7）形制、材料、尺寸等方面均十分接近，这反映了清宫造办处对于御制用品制作的严格性和规范化，不同的是后二者石鼓砚尺寸略大，均为高4厘米、直径11厘米。故宫博物院藏品有盖，盖上砚盖为完整石鼓，中国台北故宫博物院有鼓型金漆盒盛载。

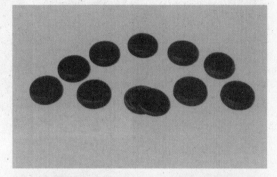

图6　故宫博物院藏清乾隆端石仿古石鼓文砚

图7　台北故宫博物院藏清乾隆石鼓砚及砚盒、青金石石鼓

2. 石鼓墨

御制石鼓文集锦墨（图8），清乾隆年制，高3厘米、径4厘米、10锭，清宫旧藏。仿石鼓形。鼓身阴文填金临书石鼓文。鼓面一面填金篆书天干次序，一面填金楷书释文，署款："乾隆甲辰（1784）三月歙巴慰祖缩临。"共装于花梨木匣内，盖填绿隶书："御制重排石鼓文墨。"此套御制石鼓文集锦墨收录于（清）汪近圣《鉴古斋墨薮》（图9）卷之："乾隆朝贡墨。"著录其中有一套"御制重排石鼓文墨"与上述集锦墨毫无二致，反映了乾隆时期御制石鼓的多样性、创造性。

图8　御制石鼓文集锦墨

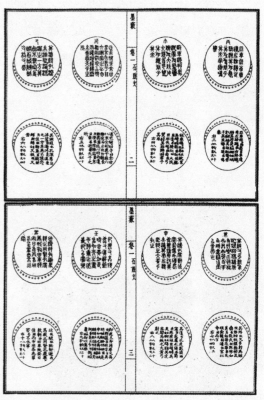

图9　《鉴古斋墨薮》一卷、附录一卷（清）汪近圣撰－涉园墨萃本

3. 石鼓镇纸

藏于中国台北故宫博物院的一套青金石石鼓（图10），高约6.8厘米，直径约9厘米。与青金石石鼓砚造型类似，整体比例上石鼓砚较青金石石鼓宽扁，鼓面同样阴刻"石鼓文"并填金，文字内容与石鼓砚上相同，亦刻有天干编号，这组石鼓共有九件，按天干排序少了"戊"字号鼓。

图 10　台北故宫博物院藏清青金石石鼓

四　乾隆年间石鼓文化兴起的时代背景

乾隆朝晚期，清宫内外对石鼓文化的研究达到了空前的高度，其中包含着多种原因。首先，与乾隆皇帝本人对石鼓文化的喜好、对汉文化的继承、引领的清宫御制文玩、器物复古的思潮密不可分。其次，从学术上看，乾隆皇帝受到了当时乾嘉时期求实重证的朴学风气社会背景的影响。

在乾隆、嘉庆时期经史考证，蔚然成风，知识界为考据之风所笼罩。这种考据之学被称为"乾嘉学派"，亦称为"朴学"。这一时期，知识界力图通过弘扬两汉时期集各派学术精华于一体的传统儒学，利用明代中期以来反对把宋代理学走向局限性、死板教条的思潮，对理学进行根本的清算，因而又称为"汉学"。以思想上追求实用而不脱离现实的倾向，这不仅影响到生产方式的变化，而且也影响到知识界。乾嘉学派对经学的整理，成绩斐然，对古代文化典籍的整理，订正错误，梳理系统，补其遗阙也取得了很大的成就。

对于石鼓的研究，乾隆皇帝可谓面面俱到，分类之细致，工程之浩大，认真之程度令人折服。现从如下几个层面进行总结：一、重刻石鼓，表现为乾隆本着对石鼓文化的完整性和延续性，做御制《集石鼓所有文成十章制鼓重刻序》碑刻。二、以"天干"编号，为石鼓排序。

三、考订石鼓年代（有误）。乾隆认为石鼓为周宣王时所刻，即韦应物、韩愈等认为的周宣王时期，对后世影响很大。误判石鼓年代是乾隆受到当时的局限性所致。四、确立石鼓文研究领域韩愈的权威性。五、考订石鼓文音训。

另外，乾隆朝宫廷艺术具有显著而浓郁的"金石"仿古风气。例如，清宫藏品里的青铜器物被大量仿制成为珐琅、漆器、玉器、瓷器、竹木牙角等御制文玩。乾隆皇帝从器物样式的设计、纹饰都亲力亲为地审阅、修改。清宫仿石鼓造型的御用文房用品也是最好的例证。从造型、颜色、形制等多方面仿古，把工艺、材质与技艺巧夺天工地融合到一起，达到了精美绝伦的审美境界。乾隆帝不断地下令宫廷艺术家对其藏品进行仿制工作，从而助长了宫廷艺术仿古风气的发展，并且各类工艺美术，皆以汉文化的"古"为最重要的审美标准之一。可以说，乾隆朝清宫艺术的"仿古运动"，也是乾隆皇帝不断学习汉文化艺术精华的过程。这样做的目的绝不仅仅是好古、崇古，而是具有重要的政治、经济和文化意义。可以说，乾隆时期清朝的政治经济制度、文化思想等各方面渐趋成熟，博大精深的汉文化在这个时期从政治、经济、意识形态、风俗习惯等各个层面对满族固有的文化传统产生了巨大的影响和渗透，引起了满族民族文化的一系列变化。尽管乾隆帝曾极力地想保留满族文化习俗，但采取的种种举措在满汉文化交融的洪流面前显得苍白无力，而且他本人总是自觉或不自觉地充当了满汉文化交融的先锋。

五 结 语

清代宫廷在乾隆时期，由于皇帝的喜好，将石鼓文化的继承和发展推向了一个前所未有的顶峰，对石鼓文化做出了巨大贡献。乾隆皇帝臻于石鼓文化保护的角度出发，做了非常细致的工作。从鼓文内容的撰定、鼓文篆字的摹写，到鼓文的刻制，可以说是乾隆时期君臣十数人共同合作完成，乃是一项集体智慧的产物。这些乾隆御制摹刻石鼓、御制石鼓诗文的碑刻、石鼓文玩的出现受到朝野上下朴学风气的影响，有深刻的政治、学术和文物背景。满族入关后，文化较发达并且文明程度较高的汉文化在政治、经济、意识形态等诸方面都对相对落后的满族文化产生了巨大的影响和渗透。乾隆朝清宫仿古艺术之所以能够发展成为集大成的巅峰，就是源于乾隆帝的好古、崇古的思想。这充分地反映出满洲人的民族文化在汉文化的强烈的影响和渗透下，迫使其作出相应的调适反应，从而引起了满洲民族文化结构上的一系列变化。这种变化到了乾隆时期，满洲文化以前所未有的速度进行整合和重构，逐渐形成了具有满洲特色的清代封建文化。

沈阳故宫博物院院刊 第二十辑

‖内容提要‖

清朝是中华民族最后一个封建王朝，最高统治者在入关前就意识到"国家服饰之制，所以辨等威，定民志，朝野各有遵守"，从而开始厘定满族独特的服饰制度。虽然有清一代的统治者一再强调和重申"一代冠服自有一代之制""毋忘祖宗旧制，衣女直衣"，强调维护本民族服饰特色，但因国土面积大部分处中原地区，为利于驱使汉族臣民，更为弥补本朝典制不足，清政权在创建服饰制度过程中，较多借鉴汉族服饰制度。本文通过对沈阳故宫博物院收藏的朝褂进行观察、描述、说明、分析、研究，最后与故宫博物院收藏的类似款式进行比较。得出结论：沈阳故宫博物院收藏的这三件朝褂均为清代晚期之物，为宫廷后妃在重大典礼时穿用。这三件朝褂包含了丰富的文化内涵，其中有两件是用珍贵的缂丝面料，有一件是初春更换春装时和夏末更换秋装之前所穿的隔季衣。它们为研究清代冠服制度、丝织工艺以及满族民俗文化提供了有力依据。

‖关键词‖

清代　后妃朝褂　制度　穿用场合　面料　图案

有凤来仪
——沈阳故宫博物院藏清代后妃朝褂研究

初　蕾

沈阳故宫博物院，馆员。

一　清代服饰制度的演变

纵观中国历代服饰沿革，清代冠服制度最为繁复且别具民族特色。清代统治者制定的服饰制度体系之庞杂、条律之琐碎在中国历代服饰史上无出其右。其统一全国后，全面废除了古代汉族传承了几千年的冠服制度和宽衣博袖式服饰，坚持以满洲族的传统服饰为基础制定冠服制度，强制推行本民族具有骑猎特色的紧身窄袖式服饰，给中国传统服饰以前所未有的巨大冲击，由此奠定了清代服饰不同于历朝历代的独特魅力与鲜明的时代特征。但是清代统治者毕竟置身于源远流长、博大精深的汉民族文化氛围之中，清代宫廷服饰也不断继承和吸收大量的汉民族传统服饰的特点，在纹饰以及用法上沿袭了传统典章制度，丰富了我国的服饰内容，即"取其文，不必取其式"；在制作工艺上也全面与汉族传统的染织、刺绣技术相结合。反映了满汉文化相互影响，中华民族服饰文化呈多元化发展的趋势。

清代的冠服制度自清太宗皇太极于崇德元年（1636）开始初步定制，历经变动修改，直到乾隆时期才基本确定下来，以后虽有修订但没有重大的变动。清入关之后，曾于顺治九年（1652）定《服色肩舆永例》。康熙九年（1670）定民公以下有顶戴官员以上者禁穿五爪蟒缎，雍正四年（1726）及八年（1730）定大小官员帽顶等级。雍正十年（1732）校刊《大清会典》、乾隆五年（1740）撰《大清律例》、乾隆二十六年（1761）撰《大清会典·会典则例》、乾隆三十一年（1766）校勘完成《皇朝礼器图式》，其为宫廷画师精心彩色描绘，并用木刻板刊印黑白图。后于嘉庆、道光年间撰修完成了《会典及事例图式》和《大清通例》，光绪年间又增补修撰《大清会典图例》。此外，沈阳故宫博物院、故宫博物院等文博单位保存了大量的清代宫廷服饰实物，由于距今年代不远，这些服饰鲜艳如新，给清代服饰艺术的研究提供了有利条件。

沈阳故宫博物院收藏的三件清代后妃朝褂，没有人做过专门研究，本人在观摩实物后，参考相关资料，对其文化背景、质料、年代、使用制度等做初步探索。

二 沈阳故宫博物院收藏的后妃朝褂

1. 石青缂丝五彩金龙棉女朝褂

石青缂丝五彩金龙棉女朝褂（图1），这件朝褂为《大清会典图》中所述第一款，是1958年为筹备中华人民共和国成立10周年庆典，由故宫博物院调拨而来。为圆领，对襟，无袖，后开裾式。身长142厘米，腰宽76厘米，下摆宽118厘米。石青色缂丝面，镶片金边和黑万字（卐）织金缎边，红绸暗云团龙纹缀金团寿字里。五枚圆铜镏金錾花扣仅剩最上端一枚。上半部分前后立龙各两条。下通襞积（褶裥），四层相间，一、三层为正龙纹，二、四层是由口衔万字（卐）的蝙蝠、团寿和彩云组成的"万福万寿"纹。褂面中的金色龙纹周围都以云纹穿插，龙纹下

图1　石青缂丝五彩金龙棉女朝褂

方为平列状水波浪纹，俗称"平水"，寓意为"四海清平"。褂面中云纹采用三色晕法（即渐变色）；水纹采用四色晕法，整个朝褂色调和谐，构图丰满，繁而不乱，设色和谐，织造精细。

2. 石青缎彩绣平金龙女朝褂

石青缎彩绣平金龙女朝褂（图2），这件朝褂为《大清会典图》中所述第二款，也是1958年为筹备中华人民共和国成立十周年庆典，由故宫博物院调拨而来。为圆领，对襟，无袖式，两侧开裾至腋下。身长137厘米，腰宽58厘米，下摆宽112厘米。石青色素缎面，镶三色金边和石青色织金缎边各一道，大红色暗团龙四合如意云织金寿字缎里。五枚圆铜镏金錾花纽扣仅剩第三枚。通身以五彩丝线和金线绣制纹饰，其中前胸后背平绣立龙各两条，周围点缀五色云，云纹采用三色晕法，下幅饰八宝平水和海水江崖纹，水纹为四色晕法。这件朝褂背后绦缺失，下摆边及褂边均破损。

图2　石青缎彩绣平金龙女朝褂

3. 石青缂丝金龙女朝褂

石青缂丝金龙女朝褂（图3），这件朝褂为《大清会典图》中所述第三款，1963年由故宫博物院调拨而来。为圆领，对襟，无袖式，两侧开裾至腋下。身长134厘米，腰宽72厘米，下摆宽112厘米。石青色缂丝面，红色暗四合如意云缎里，边缘镶有片金边和黑万字（卍）织金缎边各一道。褂面采取二至四色晕法，前胸后背平绣立龙各两条，从海水中腾空而起，气势雄伟矫健。立龙周围绣彩云、宝珠、双喜字和口衔古钱、宝珠、灵芝、珊瑚及万字（卍）的蝙蝠，有"福在眼前"等吉祥寓意。下幅饰海水江崖纹和八宝平水纹，此八宝平水图案中只有八宝中的四

图3　石青缂丝金龙女朝褂

宝，两侧对称，由外至内依次为盘长、法螺、法轮、宝伞。五枚圆铜镏金錾花纽扣俱全。此朝
褂品相保存较好。

三 面料、花纹及制作工艺

1. 制作机构

在清代，宫廷服饰的面料和制作，都设有专门的机构。从织造面料到缝制成衣，均有专人
负责。供应宫廷服饰面料的，在内有京师织染局，在外有江南三织造，即江宁织造局、苏州织
造局和杭州织造局。但大多由江南三织造生产，少数由京师织染局生产。这些丝织品根据用途
可分为"上用""内用"和"官用"三大类，"上用"为皇帝所用；"内用"为后妃所用；"官用"
为赏赐诸王和文武百官所用。根据用途的不同，所织绣的图案和面料的品质也有所不同。其中
缎、绸、纱的织成衣料，京师织染局和江南三织造均能织造。而缂丝的织成衣料，唯有江南三
织造的苏州织造局一处能织。

2. 织造流程

宫廷用丝织品，基本上分为两大类：一类为成卷成匹的匹料，用来做一般的服饰、被褥、
帷幔、铺垫等用品。另一类为织、绣成衣型的半成品衣料。明清帝后的礼服一般为织、绣成型
的半成品衣料，先由宫中如意馆的画匠们按照礼部的定式及皇帝、后妃的要求绘制出图样，然
后呈皇帝御览钦定，最后发往江南三织造。这些样稿除绘制出衣形和花纹轮廓外，还要涂上衣
服的颜色及花纹的色彩，同时还要标明衣服各个部位的尺寸。如朝袍、龙袍等在制度上明文规
定的衣服样稿，绘成之后，其衣服的颜色、花纹还要与其典制相符合。如果是便服小样，绘好
之后，其衣服的颜色、花纹的色彩均要与要求符合。花纹既要生动活泼，又要形象逼真。在织
绣时，工匠要按照这个样稿的花纹、颜色加工，织、绣成型的半成品衣料要和衣服小样完全
相同。这些织绣完成的丝织品运到宫里以后，由内务府管辖的造办处负责为宫内人员缝制各种
需要的服饰。

3. 织金工艺

以金缕或金箔切成的金片作纬线织花、使织物呈现金属光泽的技术，称为织金技术。其制
作工艺相当复杂，需先将金子锤成金箔，再将金箔制成片金线和撚金线。

片金线可以直接用来制造衣物，也可以先把片金线制成撚金线，再织造衣物。撚金线是在
金色、红色或黄色的蚕丝芯上涂上胶，再将片金线旋绕到蚕丝芯上即可。利用织金技术可以织
造出织金缎、织金绸、织金纱、织金罗、织金锦等。

4.面料

朝褂以缎、绸、缂丝、纱等为面料,有单、有夹、有棉。一般情况,春秋季穿绸、缂丝做成的夹朝褂,夏季穿纱做成的单朝褂,冬季穿绸、缎做成的棉朝褂。

沈阳故宫博物院收藏的石青缎彩绣平金龙女朝褂与故宫博物院收藏的石青缎平金彩绣金龙纹夹朝褂(图4)皆采用素缎面。本文所举例的六件朝褂皆采用织金缎作为边缘。

图4 石青缎平金彩绣金龙纹夹朝褂

缂丝

缂丝,又名"刻丝""尅丝"或"克丝",意思是"用刀刻过的丝绸",是中国独有的、最传统的一种挑经显纬的欣赏装饰性丝织品。古人形容缂丝"承空观之如雕缕之像"[①]。也有文人赞誉缂丝是"雕刻了的丝绸",其实缂丝并非真的用刀来雕刻,而是一种以生蚕丝为经线,彩色熟丝为纬线,织成的平纹织物。缂织时,先在织机上安装好经线,经线下衬画稿或书稿,织工透过经丝,用毛笔将画样的花纹图案描绘在素色经面上,然后再分别用长约10厘米、装有各种丝线的舟形小梭按花纹图案的色彩分块缂织。同一种色彩的纬线不贯通整个幅面,只需根据花纹图案的轮廓和色彩变化,不断换梭。这就使使织物上花纹与素地、色彩与色彩之间呈现一些小孔和断痕,类似刀刻的形象,这就是所谓"通经断纬"的织法(图5)。缂丝技艺在宋代以后不断发展,辽宁省博物馆就收藏了多件宋代的缂丝作品,如"紫喜鹊谱缂丝""八仙祝寿图缂丝""朱克柔山茶侠蝶图缂丝"等[②]。到了清代,缂丝业中心已移至苏州一代,所用彩色纬丝多达6000种,工艺精湛、形

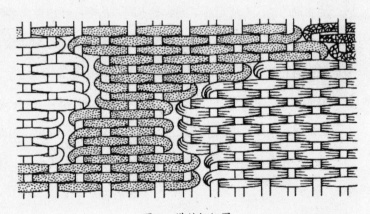

图5 缂丝组织图

---

① 吴山主编:《中国工艺美术大辞典》第111~112页,江苏美术出版社,1989年。

② 高汉玉主编:《中国历代织染绣图录》第74~78页、第234页,商务印书馆香港分馆、上海科学技术出版社,1986年。

象逼真。缂丝制品至今仍然被作为高级工艺品生产、收藏。沈阳故宫博物院收藏的石青缂丝五彩金龙棉女朝褂及石青缂丝金龙女朝褂皆为缂丝面料。

缂丝制品在清代也具有一定的特点和演变规律，这对确定朝褂所属的时期也有一定的参考作用。清初的缂丝衣料多保留了明代用金的习惯。清中期出现了"三色金"缂法，是用赤圆金、淡圆金和银线在深色地上缂出花纹图案，图案一般都闪亮耀眼。到了清晚期又开始流行"三蓝缂"和"水墨缂"，"三蓝缂"是用品蓝、深蓝和月白三种颜色抢缂成各种花纹图案后再用白色或金色线勾边，"水墨缂"是用深灰、浅灰、黑色三种颜色，用褪晕的方法织成图案，再用白色或金色线勾边。缂丝由于组织结构上的自身弱点，制成的衣物很不耐穿，又因为其制作上很费时间，所以一般只把其织造上吉祥图案或佛教图案作为工艺品、装饰品，而能穿得起缂丝衣物的人基本都是身份极其高贵和富裕的人，并以炫耀为主要目的。清代缂丝，除了名家书画和经文佛像，还大量用于服装、室内陈设及日用品。帝后的礼服在春秋季常使用缂丝面料。由于生产量大于前代，清代的皇亲国戚及官宦人家，也能穿用得起缂丝衣物。

5. 花纹图样

在各类丝织品中，与其关系最为密切的就是花纹图样。制作这些花纹图样的方法也多种多样，主要有刺绣、印染、手绘珠绣以及直接织造。

演变规律

清代丝织品的花纹与图样，随着时间的流逝而非常有规律性地变化着，花本十年更换一次，使每个时期的丝织品都有不同的特点和风格。这对确定衣物的年代有一定的帮助。例如，清代早期的花纹，基本上为在素地儿上绣花，构图简练、线条流畅，花纹生动活泼、富有朝气。清中期的构图方法与清早期截然不同，构图比较烦琐，多为在锦纹地儿上再绣花，如斜万字（卐）地、正万字（卍）地、菱形纹地、龟背纹地、锁子纹地、方棋纹地等，复杂而严谨，形成花中有花的格局。清晚期，基本继承了清中期的构图方法，但由于官员腐败、国库亏空，丝织品的制造品质下降，花纹均无早、中期清晰规整、线条流畅，花纹也显得呆板、缺少活力。如蝙蝠，早期的蝙蝠小巧玲珑，体态清秀，形象逼真。中期的蝙蝠，较早期的略大，体态较丰满，多为大花翅膀。晚期的蝙蝠，较中期的体态更丰满，体型宽、肚子大，显得有些笨重呆板。

题材

古代传统的花纹图样由于受到了封建体制、儒家文化、皇权观念、民族习惯和民俗文化等多种因素的影响而形成了一个特色鲜明和内涵丰富的艺术领域。在吉祥如意的主题之下，明清时期的花纹图样题材更为广泛，含义更为丰富，主要包含两个方面，一种是象征权力、等级的龙凤、十二章等，另一种是富有吉祥寓意的福、寿、八宝等。

龙，是中国古代神话传说中的动物，最早被用来作为氏族的图腾。到了阶级社会以后，龙被视为统治者的化身，是帝王专用。元代以后，龙纹便禁止被皇族以外的人穿用。明清时期，龙纹在帝王服饰中所占的位置越来越大，尤其是清代的龙，强调其威猛庄严，给人以不可亲近的感觉，不如明代的亲切可爱。清代的龙纹主要包括正龙、立龙、行龙。

八吉祥纹（或称八宝纹），藏传佛教象征吉祥的八件宝物为题材的纹饰，可以辟邪和保平安，有法轮、法螺、宝伞、白盖、莲花、宝瓶（罐）、金鱼、盘长（吉祥结）（图6，由上至下、由左至右依次为：法螺、法轮、宝伞、白盖、莲花、宝瓶、金鱼、盘长），这种纹饰始见于元，流行于明、清。

杂宝纹，由古代一些常见的吉祥和贵重物品组成。如金锭、银锭、珍珠、古钱、磬、铜鼎、灵芝、犀角、珊瑚、如意、方胜（两个菱形压角重叠而组成的几何图形）等（图7，由上至下、由左至右依次为：古钱、方胜、磬、银锭、犀角、珊瑚、海螺）。"杂宝纹常配合主体纹样，装饰于织物之上，数量不定，组合自由。"[①]云纹，是帝后礼服中必不可少的图案，既有祥瑞之兆又为主图起到烘托作用。

蝙蝠，音通"福"，也是帝后礼服上常用的图案。

寿字纹，也是帝后服饰中常用的图案，顺治时期，以长形篆体字为主，随后出现团

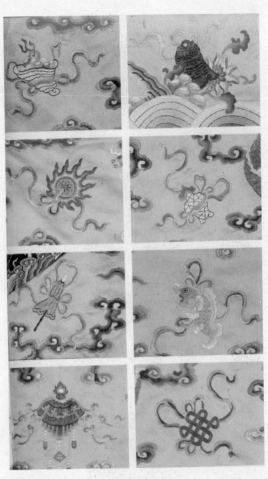

图6 八吉祥纹

图7 杂宝纹

① 王光镐主编：《明清织绣》文物珍宝6，第171页，艺术图书公司，1995年。

图8 海水江崖纹

寿字，有长寿团圆的吉祥寓意。康熙至乾隆时期，团寿字渐渐居于主要位置，道光至光绪时期，常常在团寿字中加入万字（卐），有万寿的寓意。

海水江崖，帝后礼服下摆的主要装饰，波涛汹涌，崖石矗立，意为"福山寿海"，也是皇权的象征（图8）。

"囍"字，喜字是民间的吉祥图符，表示喜庆圆满。"遇诞生、婚礼、尊上徽号、册封大典、国喜，穿金喜字衣服。"①

图9 乾隆孝贤纯皇后朝服像

四 朝褂的定义、使用场合、制度及分类

朝褂，即后妃、宫眷下至七品命妇于朝会、祭祀之时套在朝袍外面穿的一种圆领、对襟、无袖大褂襕式的礼褂。其褂皆为石青色，镶片金缘，领后垂不同颜色的彩绦②。

1. 使用场合

朝褂是清代后妃的礼服之一，使用时套在朝袍之外，长度比朝袍略短（图9）。朝褂的使用场合，《大清会典》里没有单独的记载。因为朝褂不能单独穿着，只能和朝袍套穿，所以只要后妃穿用礼服，那就一定含有朝褂。因此，朝褂的使用场合将和朝袍、朝

---

① 王光镐主编：《明清织绣》文物珍宝6，第150页，艺术图书公司，1995年。
② 宗凤英著：《清代宫廷服饰》第84页，紫禁城出版社，2004年。

裙等一起放在礼服中作为一个整体来介绍。礼服用于皇帝登基、亲政、大婚，元日、万寿圣节、千秋，恭上太皇太后、皇太后尊号、徽号，册立、册封、进宝册、皇后玉册玉宝入太庙，祈谷、常雩、祭天、祭地、祭先农坛、祭先蚕坛、皇子祭陵等重大典礼和祭祀活动。其中先蚕坛祭先蚕是清代祭祀制度中唯一一项由皇后主持的祭祀活动。关于后妃和命妇的礼服的使用场合，《大清会典事例》里有详细的记载，略不赘述。

2. 形式制度及分类

皇太后、皇后、皇贵妃、贵妃、妃、嫔的朝褂制度皆为三种，其余人员的朝褂制度皆为一种。《钦定大清会典事例》载："朝褂之制三。皆石青色。片金缘。其一绣文前后立龙各二。下通襞积。四层相间。上为正龙各四。下为万福万寿。其二绣文前后正龙各一。腰帷行龙四。中有襞积。下幅行龙八。其三绣文前后立龙各二。中无襞积。下幅八宝平水。领后皆垂明黄绦。其饰珠宝惟宜。"①

第一式：皇太后、皇后、皇贵妃朝褂。色用石青。片金缘。绣文。前后立龙各二。下通襞积（褶裥）。四层相间。上为正龙各四。下为"万福万寿"[口衔万字（卐）的蝙蝠与团寿字]

图 10　第一式正面

图 11　第一式背面

纹。领后垂明黄色绦。其饰珠宝唯宜。贵妃、妃、嫔朝褂。领后绦用金黄色。余同②。（图 10、图 11）

第二式：皇太后、皇后、皇贵妃朝褂。色用石青。片金缘。绣文。前后正龙各一。腰帷行龙四。中有襞积。下幅行龙八。领后垂明黄色绦。其饰珠宝唯宜。缎纱单袷唯其时。贵妃、妃、嫔朝褂。领后绦用金黄色。余同③。（图 12、图 13）

① 《钦定大清会典事例·礼部》卷三二六，冠服、皇后冠服，第 9443 页。
② 《钦定大清会典事例·礼部》卷五八，冠服二、礼服二，第 1864 页。
③ 《钦定大清会典事例·礼部》卷五八，冠服二、礼服二，第 1865 页。

图 12　第二式正面

图 13　第二式背面

第三式：皇太后、皇后、皇贵妃朝褂。色用石青。片金缘。绣文。前后立龙各二。中无襞

图 14　第三式正面

图 15　第三式背面

积。下幅八宝平水。领后垂明黄绦。其饰珠宝唯宜。缎纱单袷唯其时。贵妃、妃、嫔朝褂。领后绦用金黄色。余同①。（图 14、图 15）

另外，这款朝褂为清代后妃比较常用的款式。

3. 朝褂的特点

后妃在礼服中使用朝褂为清代首创，这和满族自身的名族特点有着密切的关系。满族是马背民族，长期在寒冷的环境中生活，所以在设计服饰时就必须从实用性出发，既要保暖又要便于行动。而朝褂的样式和我国古代北方少数民族的传统服饰——紧身（马甲）（图 16）或褂襕（图 17）极为相似，这种服饰无袖，两侧开裾，即与其骑射相适应，又具保暖（俗称前后挡风）效能，富有实用性。所以清代的服饰反映了满族统治者对本民族文化的高度重视和坚定持守。

① 《钦定大清会典事例·礼部》卷五八，冠服二、礼服二，第 1866 页。

图 16　紧身　　　　　　　　　　　　　　　　　图 17　褂襕

　　朝褂的样式有的精美秀丽，有的豪放富丽，这一点从众多后妃的画像中可以看出。但是，整套礼服的样式及使用场合都不以后妃们自身的审美标准及个人喜好出发，而是有制度上的强行规定。按《大清会典》载："其上皆织、绣符合其身份等级的图纹，以图纹来别亲疏、辨等威。"其目的是体现皇家神圣不可侵犯的地位和森严的等级思想，它被赋予了强烈的政治色彩和礼制观念。从社会发展的角度看，中国的封建时期创造了许多光辉灿烂的文化，对后世影响之深，流传之广，是历史的一大进步，但是从女性的地位来看，却并不值得夸赞。生活在这一漫长历史时期的女性，地位极其低下，后妃服饰甚至后妃都是皇帝的附属品，她们必须严格按照制度规定根据场合和自己的身份、地位着装，没有选择的权利。后妃们精美华丽的服饰，最终目的是体现封建国家的富有，衬托封建帝王至高无上的权力，掩盖不了封建社会女子附庸地位的本质。

五　沈阳故宫博物院收藏的朝褂与故宫博物院收藏的类似款式比较

1. 沈阳故宫博物院石青缎彩绣平金龙女朝褂与故宫博物院石青缎平金彩绣金龙纹夹朝褂

　　同：沈阳故宫博物院石青缎彩绣平金龙女朝褂与故宫博物院石青缎平金彩绣金龙纹夹朝褂的构图、龙的造型、气韵极为相似。前胸后背各织绣大立龙两条，一前肢上举，抓握一宝珠，相向戏珠。下幅为海水江崖纹。立龙之间五色彩云相间。同为缎面，在春季时所穿，边缘镶有三色金边和石青色织金缎边各一道，通身以五彩丝线和金线绣制纹饰。同为大红色暗团龙四合如意云织金寿字缎里。

异：云纹造型略有出入。沈款朝褂五枚圆铜镏金錾花扣仅剩一枚，北款五枚铜扣完好。沈款朝褂织金缎边破损，北款朝褂的织金缎边图案清晰可见，为团龙杂宝图。北款朝褂有黄条墨书两道曰："咸丰十年四月初四日收 金环交 石青缎夹朝褂一件。"[①]

通过对比发现两朝褂极其相似，所以可以确定沈阳故宫博物院收藏的这件石青缎彩绣平金龙女朝褂所属年代不晚于咸丰时期。

2. 沈阳故宫博物院石青缂丝金龙女朝褂与故宫博物院石青色绸绣云龙双喜字棉朝褂

图18　石青色绸绣云龙双喜字棉朝褂

同：沈阳故宫博物院石青缂丝金龙女朝褂与故宫博物院石青色绸绣云龙双喜字棉朝褂（图18），同为圆领、对襟、无袖式，两侧开裾至腋下。褂面采取二至四色晕法，前胸后背各织绣大立龙两条，相向戏珠。下幅为海水江崖纹和八宝平水纹。立龙之间有都有彩云、双喜字和口衔万字（卐）、古钱的蝙蝠，有"福在眼前"等吉祥寓意。

异：（1）沈款朝褂，缂丝面，应为后妃们在春季所穿；北款，绸面棉朝褂，应为后妃们在秋冬季节所穿。

（2）沈款朝褂镶有片金边和黑万字（卐）织金缎边各一道；北款朝褂镶石青色团龙杂宝织金缎边，内加金捶鍱（压薄的金属片）折枝花嵌翡翠红宝石金板，中间用珍珠、珊瑚排珠相连。这也是此件朝褂的独特之处，乾隆孝贤纯皇后和道光孝全成皇后朝服像中的朝褂就是此类设计，可以看出此类朝褂的穿用人级别应该很高。

（3）沈款朝褂领口为宽织金缎边，北款朝褂领口为窄织金缎边。

（4）北款朝褂的立龙，一前肢向上举，抓握一宝珠。龙尾向内甩。而沈款的龙爪和宝珠分离，龙嘴大张，做吞吐宝珠之状，龙尾向外甩。

（5）沈款朝褂的蝙蝠体型较胖，笨重呆板，体现出清晚期特征，蝙蝠口中所衔吉祥图案两侧对称，分别为古钱、珊瑚、灵芝、红色万字（卐）和宝珠。北款朝褂龙纹上方为口衔金万字（卐）和古钱的蝙蝠，两侧对称；而龙纹下方的蝙蝠口中所衔的吉祥图案两侧不对称，由左至右依次为如意、寿桃、盘长、珊瑚。

---

① 张琼主编：《故宫博物院藏文物珍品大系——清代宫廷服饰》第105页，上海科学技术出版社、商务印书馆（香港）有限公司，2006年。

（6）沈款朝褂的平水纹上方为八宝纹，但只有八宝中的四宝，两侧对称，由外至内依次为盘长、宝瓶、法轮、宝伞，构图比较简单。北款的平水纹上方为杂宝纹，由左至右依次为方胜、犀角、宝珠、宝塔、灵芝、珊瑚、如意、古钱。

通过对比可以发现沈款朝褂无论做工、纹饰还是色泽都不如北款朝褂精美和细腻。北款朝褂"后背垂明黄绦饰珊瑚珍珠喜字背云"①，证明是皇后的礼服，综合以上特征并参考相关画像可以认为沈阳故宫博物院收藏的这件朝褂所穿用之人为清代晚期级别在皇后之下的普通妃嫔或命妇。

3. 沈阳故宫博物院石青缂丝五彩金龙棉女朝褂与故宫博物院石青缎织彩云金龙纹夹朝褂

同：沈阳故宫博物院石青缂丝五彩金龙棉女朝褂与故宫博物院石青缎织彩云金龙纹夹朝褂②（图19），自胸围线以下作襞积，胸围线以上前后绣立龙各两条，胸围线以下又横分为四层，第一层与第三层均绣行龙，前后各两条，下置平水江崖和寿山石。第二层与第四层均绣"万福万寿"[口衔万字(卐)的蝙蝠与团寿字]纹，各层均以彩云相间。

异：面料不同：沈款为缂丝面棉朝褂，是在初春或夏末时所穿的"隔季衣"；北款为缎面，是在春季时所穿。

图19　石青缎织彩云金龙纹夹朝褂

褂边不同：沈款朝褂镶黑万字（卐）织金缎边搭配编织金边；北款朝褂边缘镶有石青色团龙杂宝织金缎边和二色平金边，做工比较精细。

图案不同：

（1）沈款胸围线以上，立龙下方有海水江崖和杂宝平水纹，这一特征和《大清会典图》中规定不同。这可能是由于清晚期规矩松懈造成的。

（2）沈款中蝙蝠体态丰满，体宽肚大，具有清晚期特征；北款中蝙蝠身材较瘦，大花翅膀，符合清中期特征。

（3）沈款中寿字纹，在团寿字上加入了万字（卐），和图表中光绪款类似③，北款中寿字纹

---

① 张琼主编：《故宫博物院藏文物珍品大系——清代宫廷服饰》第107页，上海科学技术出版社、商务印书馆（香港）有限公司，2006年。

② 张琼主编：《故宫博物院藏文物珍品大系——清代宫廷服饰》第103页，上海科学技术出版社、商务印书馆（香港）有限公司，2006年。

③ 陈娟娟：《织绣文物中的寿字装饰》《故宫博物院院刊》2004年2期。

和乾隆时期图案类似，符合清中期特征。

北款朝褂"后背垂杏黄绦珊瑚背云"是贵妃、妃、嫔的衣物，综合以上特征可以说明沈阳故宫博物院收藏的这款石青缂丝五彩金龙棉女朝褂为清晚期之物，是后妃在初春更换春装时和夏末更换秋装之前所穿的隔季衣物。

4. 关于"隔季衣"

另外，沈阳故宫博物院收藏的这款石青缂丝五彩金龙棉女朝褂，为缂丝质棉朝褂，这就涉及清代对服饰的不成文的规定之一，在清代帝后大臣的服饰中，不论朝服还是便服，单、夹、棉、皮都要应其时，顺其节。只要季节一到，不管是天气冷还是暖，一律换上应季的服装，天气多冷都不许再穿上原来所穿的衣服；天气多热都不许再脱下换上的衣服。否则就算抗旨不遵。据《大清会典》卷十九记载："每岁春季换用凉朝帽及夹朝衣，秋季换用暖朝帽及缘皮朝衣，于三、九月内，由部拟旨，预期请旨。"由此可见，帝后大臣每年于春季三月开始更换春装夹衣，每年于秋季九月份开始更换冬装棉皮衣。只要诏书一下，天气再冷、再热也得更换，因为臣下谁也不愿落下"抗旨不遵"的罪名。比如三月换穿春装的诏书已下，天气再冷也得更换春装夹衣，而深夏九月换穿秋装的诏书还未下，天气再冷也得穿着夏装。在这两个季节的交替里，天气虽冷，人们也得遵守更换衣服的命令。为了既不抗旨，又不挨冻，人们就想出了一个折中的好办法，即在春装夹衣里絮上一层薄薄的棉花，从表面形制上看完全符合春装的要求，但实际上是一种薄棉衣。在夏装里也絮上一层薄薄的棉花，在形制上看完全符合夏装的要求，但实际上也是一种薄棉衣。于是在清代群臣的服饰中，就出现了一种介乎冬装和春装间、夏装和秋装之间的"隔季"服装。这种"隔季"服装，有绸面的、纱面的，还有缂丝面的。所以今天当我们面对这种纱面里絮着棉花的"隔季"衣服时，常有疑惑：纱衣是夏季里人们为了防暑才穿的一种清凉透气的衣服，为什么里面还要絮上棉花？这究竟是为了保暖还是为了凉快？为了凉快里面絮棉花？为了保暖用纱面？其实，这正是清代服饰中的一种习惯，是在初春更换春装时和夏末更换秋装之前，所出现的一种"隔季"衣。另外，北方的初夏和夏末，都比较凉，尤其早、晚更凉，穿单纱衣或夹纱衣根本受不了，这种不成文的规定，是人们在应时顺节的情况下想出来的权宜之计，是清宫上下皆知的"公开的秘密"。了解了清代的这个不成文的规定，就可以正确理解清代服饰中的一些现象，不能一见到棉衣，就笼统地认为是冬季所穿。

六 结 语

　　本文通过对沈阳故宫博物院院藏的三件清代后妃朝褂的观察、研究认为，沈阳故宫博物院收藏的这三件朝褂均为清代晚期之物，为宫廷后妃在重大典礼时穿用。它们包含了丰富的文化内涵，其中有两件用的是珍贵的缂丝面料，有一件是初春更换春装时和夏末更换秋装之前所穿的隔季衣。这三件服装对研究清代的冠服制度、丝织工艺以及满族的民俗文化都提供了有力的依据。虽然由于清代末年，政治腐败、国库亏空、规矩松懈等一系列原因导致在制作细节上出现了一些问题和不符合制度规定的地方，但高超精湛的丝织技艺水平使这些朝褂仍然不失为珍贵的艺术作品，反映出了古代中国人民丰富的创造力和无尽的聪明才智，也折射出我们民族精神文化的灿烂光辉，是我们足可引以为豪的珍贵的民族文化遗产。

《清朝前史》出版发布暨研讨会综述

韩春艳

沈阳故宫博物院，研究馆员。

2018 年 1 月 11 日，沈阳故宫博物院、辽宁师范大学出版社在北京国家清史编纂委员会举行《清朝前史》出版发布会暨研讨会。该书为"十二五"国家重点图书出版规划项目、国家出版基金项目。全书共 5 卷、257 万字，精选珍贵历史图片 200 余幅，为近百年来最大规模清朝前史研究专著，代表了我国清朝前史研究的最新成果。

《清朝前史》清史编纂委员会副主任朱诚如教授、沈阳故宫博物院院长白文煜研究馆员担任总主编。时间断限是从明万历十一年（1583）努尔哈赤起兵，到明崇祯十六年即清崇德八年（1643）皇太极病死，时长 61 年。考虑到清入关后继续进行全国统一战争，先后平定李自成、张献忠等农民军，消灭南明数个小朝廷政权故全书第 5 卷将明（南明）清战争时间，延续到顺治末年。全书以时间为序，以女真的兴起及与中央王朝的关系，民族融合与满州共同体的形成，后金（清）对辽东地区的统治政策及其作用，明清之间的战争及明清王朝更替的历史演进为主线，构建起后金（清）王朝从部族到国家进而入关取明而代之的历史过程。

本次研讨会由国家清史编纂委员会副主任马大正主持，来自教育部社会科学司、国家新闻出版广电总局出版管理司、辽宁省新闻出版广电局、沈阳市文化广电新闻出版局等单位的领导出席研讨会并致辞，国家清史编纂委员会副主任成崇德教授、北京大学历史系徐凯教授、中国社会科学院近代史研究所刘小萌研究员、北京师范大学历史学院副院长李帆教授、中国社会科学院清史研究室主任林存阳教授、中国人民大学清史所刘凤云教授、中国社会科学院李尚英研究员等专家学者先后发言，对《清朝前史》（5卷本）的出版给予高度的评价。

一 沈阳市文化广电新闻出版局局长杜春华发言

今天参加这个研究会，第一是很兴奋，今天这么多专家、学者、老师、领导共同在这里研讨清前历史；第二是很荣幸，因为这部巨著由我们沈阳故宫博物院作为主办单位，以东北和沈阳的历史，清朝前期的历史为研究的中心内容。沈阳市文广局作为沈阳故宫主管单位，我们很荣幸、很兴奋。我想表达这么几个意思。一个就是这部著作是伟大和史无前例的。这部著作经过这么长时间的辛勤耕作和酝酿之后，聚集了那么多专家学者的智慧，现在正式出版了，也正逢贯彻习近平新时代中国特色社会主义思想这样一个关键时期，同时也是进一步传播文化自信的一部很重要的著作。习近平总书记指出，文化自信是更深层，更基础的一种自信。对清朝入关前这一段历史的研究是很有意义的，这个研究在中国的历史传承和历史发展当中的作用是不可替代的。这部著作的研究和出版，是我们这些专家学者对历史负责任的一种表现，也是哲学和社会科学界，同时也是现在我们贯彻社会主义核心价值观的一种体现。这段时间我倾听和感觉到，清前历史之前还没有完整的、系统的研究著作，这本著作的出版，填补了这个空白，因此是史无前例的。我听朱先生讲，已经研究16年了，预计还有4年的时间，要把大清史推向社会，这是很有意义的伟大工程。这部书的出版是挖掘清朝历史，挖掘清前期历史的一个重要内容，书的内容涉及明清交替时期一些史实，有边疆的问题、民族的问题、风土人情的问题，涉及政治、文化、宗教等诸多方面。历史是一脉相承的，现在出版这部书，研究这段历史，有一个重要的内容是让我们的清前史更好地在历史脉络中发挥传承的作用。我们现在提倡融合发展，这部著作对于推动民族融合，推动清朝前史与经济、社会、文化的融合，对于指导现在社会发展，都有重要的意义。今天东北的振兴已经迫在眉睫，这部书毫无疑问，对将来东北振兴将起到助推的作用。刚才主持人讲到，今天媒体来了这么多人，我也提出了一个观点，就是中央正在搞的城市间对口合作的问题。北京正好和沈阳合作，今天我想我们在这研究《清朝前史》这部书的出版，研究清朝前史这段历史，我们也给它拟个标题，叫京沈合作吹起东北振兴的沈阳风。这部书的出版不仅对清前史研究领域起到推动作用，而且也将对东北地区政治经济发展起到推动作用。

二 沈阳故宫博物院院长白文煜发言

犹如"十月怀胎，一朝分娩"，满怀喜悦的心情迎接新生命一样，今天，我们孕育了 3 年之久的《清朝前史》终于揭开它神秘的面纱，与大家见面了。这既是史学界、出版界的大事，更是我们沈阳故宫博物院的大喜事。这是我们沈阳故宫人首次与国内清史大家合作，汇集几代沈阳故宫人学术成果、学术思想，《清朝前史》的出版必将成为沈阳故宫博物院学术领域的扛鼎之作而载入史册。

记得 2013 年初，我院新领导班子在确立了"特色立院，人才兴院，学术强院"的办院方针后，对如何实现"国内一流、国际有重要影响的博物馆"的办院目标，进行了广泛的讨论。我们认为：沈阳故宫虽然为皇宫建筑群，但远不如北京的故宫名气大；论建筑面积，不及北京恭王府大；论藏品，仅在辽宁省，不及辽宁省博物馆，甚至不如旅顺博物馆。怎么办？当时，我提出，做不了"第一"，就做"唯一"。那么，什么是我院的"唯一"特色呢？我们一致认为：沈阳故宫是清朝入关前的帝王宫殿，又是清朝入关后的陪都，我们的清朝早期建筑群是举世无双的，我们收藏的清前文物是最丰富的。所以，沈阳故宫博物院今后的研究主要方向就应当是从明万历十一年（1583）努尔哈赤起兵创业，开始至顺治元年（1644）清军入关，这是清王朝在东北地区奠基发展的阶段，就是习惯上称谓的"清前史"时期。

纲举目张。方向确定了，接下来就是落实了。我们主要做了四个方面的工作：一是成立了"清前史研究中心"。2014 年，在单霁翔、马大正、朱诚如、李治亭、庄吉发、滕绍箴、徐凯、杜家骥等众多领导、史学大家的见证和支持下，沈阳故宫博物院正式成立"清前史研究中心"，随后，辽宁省社科联将其命名为"清前史研究文化基地"。二是建立了清前史研究中心数据资料库。三是围绕清前史相关议题，相继举办了"盛京定名 380 周年学术研讨会""民族融合与发展——纪念八旗制度创建 400 周年学术研讨会""清代大一统与多民族国家形成学术研讨会""第十二届清代宫廷史学术研讨会"等学术会议，基本上是每年两个学术会议。四是出版了《清前史研究学术文集》（第一卷）、《沈阳故宫学术讲坛》（第一至三辑）、《清前历史与盛京文化》《沈阳故宫博物院院藏精品大系》十三卷本等学术成果。五是聘请李治亭研究员、徐凯教授为首席顾问，对我院学术问题、学术发展予以指导，并依照"导师制"培养计划对青年骨干开展业务培训。

2014 年初，我和李声能、李理副院长来到这里——国家清史编纂委员会，拜见了朱诚如先生，想请先生出山共同编撰一部清前史研究方面的著作，并以此作为庆祝 2016 年沈阳故宫博物院建院九十周年的献礼。值得欣慰的是，朱诚如先生愉快地接受了邀请。在之后的几年里，朱诚如先生与李治亭先生、张玉兴先生等与我院的研究人员多次召开会议，几易其稿。刚才我用了"呕心沥血"这个成语来形容整个成书的过程，是丝毫不为过的。值得一提的是，辽宁师范大学出版社社长王星以睿智的眼光，从林林总总的书稿中发现了我们《清朝前史》这一块美玉，精益求精，付出了极大的心血和汗水，将这样一本好书装帧付梓，而且成功地申报为国家出版基金资助项目，更为本书锦上添花。作为一个出版社来说，这不是一个经济效益的问题，而是一个社会效益的问题，或者，是一种社会责任，是一种境界。

其间，还有个小插曲。我们这部书原本是想作为重头戏向 2016 年 11 月 16 日沈阳故宫博物院建院 90 周年献礼的，但由于诸多原因未能如期完成。当时两个意见：一是必须完成，二是宁缺毋滥。我和朱诚如先生、王星社长研究后，一致认为，与其成为高原，不如成为高峰。宁可延长时间，也要出精品。所以说，我们的 90 年院庆少了一份大礼，但出版界、史学界多了一部精品，值！

各位专家学者，在朱诚如先生的带领下，我们完成了我们的作业，交上了我们的答卷，水平如何，成绩怎样，还要由各位来评判，希望大家不吝赐教。

各位专家学者，我们沈阳故宫博物院近期又启动了一项为期五年左右的《清前史通鉴》工程。我们将会从清前史基本文献着手，系统地整理史料，排比考订史事，陆续编写出版《清前史大事纪年》《清前史史料长编》等一系列学术成果。我们期待大家一如既往地支持、关注我们的学术发展。

此外，在 2014 年我院成立"清前史研究中心"大会上，我曾提出，用十年左右的时间，把沈阳故宫博物院建成全国乃至全世界的清前史研究中心，我们会不忘初心，坚定地朝着既定的方向走下去。也期望各位专家学者帮助我们早日实现这一愿望！

三 国家清史编纂委员会副主任朱诚如发言

《清朝前史》的主要内容是清入关前史，是清史的重要组成部分，是清朝历史的关键。清入关前的历史是明、清两个王朝交集的历史，从万历十一年（1583）努尔哈赤起兵一直到清军入关，这 60 年的历史既是明朝后期的历史，也是后金起兵、壮大、建国、入关统一的历史。这 60 年活动的地域就是在中国东北部，当时民族关系非常复杂，以辽东地区汉族为主，其他地区如女真族部、北部的蒙古、南边的朝鲜、多民族杂居的地区，民族关系非常复杂。地域上它处于东北亚，朝鲜、北边的沙俄，甚至日本，包括元朝的残余势力，都在东北地区，各有各的主张。

如何写好这一段历史，向来为国内外学者所重视。辛亥革命推翻了清王朝的统治，结束了中国封建王朝统治的历史，民国初年研究清朝历史一时成为热门，一批学者、大家出了一大批可观的成果，但是观点各异，因为当时受反满情绪的影响，所以个别学者剑走偏锋。随着马克思主义、历史唯物主义逐渐为中国学者所掌握，中华人民共和国成立以后，清史特别是清入关前史的研究取得了迅速的发展匮乏。

清入关前史一直是清史研究的重点、热点和难点，可以说是整个清史研究的一个软肋。除了档案文献的缺失，满文资料的，还有对民族关系的认识，重大历史问题的认定，都存在着重要的分歧。前辈学者王钟翰先生、周远廉先生对清入关前史的研究都有建树，在座的刘小萌先生、徐凯先生是后起之秀，他们对清入关前史研究都取得了重要学术成果，为清入关前史研究做出了重要贡献。但是总体而言，清入关前史相对清史其他版块的研究还是相对薄弱的。放眼望去，在北京甚至全国，专注于清朝入关前史研究的学者少之又少。海外，特别是日本，一大批日本学者都在研究清入关前史，俄罗斯学者也在致力于清朝前史研究，还有韩国学者的研究。美国的新清史更是影响最大，在学术上有一些可取之处，但是涉及边疆、民族的观点，是中国的学者所不敢苟同的，比如满洲不认同中国历史等。事实上清朝建国时就认同中国，新清史学者有意地歪曲了这一段历史。第5卷主编李治亭先生是最早写文对新清史批判的，他是国内第一个对新清史提出不同意见的学者。现在国外，朝鲜、韩国、俄罗斯、日本、美国都在研究清入关前史，他们很重视。相比较下国内学者没有几个钻研清入关前史的。所以事涉中华民族的国家统一问题，我国的学者有义不容辞澄清这段历史的责任。

《清朝前史》的编撰动议是沈阳故宫博物院提出来的，沈阳故宫博物院历来是清入关前史研究的重镇，其典藏丰富，学术积累深厚，前几年又成立了清前史研究中心，更成为撰写清朝前史的一个基础。沈阳故宫白院长提出要将《清朝前史》作为清前史专家的集体项目，辽宁师范大学出版社得到了国家新闻出版总署的大力支持，这个项目纳入了"十二五"国家重点图书出版规划，于是才有了今天这本《清朝前史》的出版。

新出版的这部《清朝前史》有两大特点。第一，规模大、大部头。257万字，这是我们早先不敢想的，因为清入关前史那么复杂，能写好就不错了。过去相关著作十几万字，几十万字，最多百十万字，从来没想过能写到257万字，这都是专家几十年研究积累的东西，没有几十年的研究，是不可能完成的。这是目前规模最大的清入关前史研究的学术性著作。

沈阳故宫博物院院刊 第二十辑

参与写作的专家有深厚的功底。张玉兴、李治亭都年近八十，都是很认真地把一辈子的研究成果整理出来。还有沈阳故宫的专家佟悦，他的研究成果和文笔都非常好；沈阳故宫的姜相顺，也是七十好几了。这部著作之所以能有 257 万字，沈阳故宫的专家付出了许多。本书三、四卷是他们主编的，这两卷 100 多万字，清朝的统治主要是在辽东，清天命十一年（1626）到清顺治元年（1644），是清入关前史的主体内容。这一部分能写到 100 多万字相当不容易，专家们翻阅了大量的档案资料和文献资料。我想说，这本书至少在 20 年之内，后人很难超越这个规模。第二，时间跨度大。我们以时间为序，向上追溯满洲源流，从 1583 年到 1616 年，相对来说比以前的著作写的细一些。过去写清入关前史，写到 1644 年立即就停止了，历史前后就不连贯了，特别是战争时期，所以战争写到入关后，大清王朝对李自成、张献忠的战争都有，把战争过程写完了。这是本书的一大特点。

还有很重要的一点，是我们在写作过程中，国家清史工程启动了 15 年，收集了大量的档案文献、图片资料，这是对于我们能够写得细，能够有所前进的一个很重要的帮助。大量档案、文献的出现，也对《清朝前史》的撰写起了很大的推动作用。

四 国家清史编纂委员会副主任成崇德发言

我万万没有想到，清前史写到了 257 万字。我看了一下章节和绪论，读完以后我感觉到多民族国家的统一过程在这个书里是一条主线。它讲述的统一过程不单调，从努尔哈赤起兵统一女真，进驻辽东再到入主中原。我认为这套书有四大优点。

第一，强调民族融合，客观看待历史事件。针对历史事件讲述得很巧妙，没有掩饰天命十年（1625）大屠杀。民族融合的过程，是一个既有血与火，又有民族经济文化交流发展的过程。我觉得书中在这方面处理得非常好，是值得我们借鉴的。而且在讲民族融合的时候，讲民族之间互相渗透，生活方式差距越来越小，民族之间的差距越来越小，语言的统一、互相通婚、风俗习惯的渐渐影响，在这方面写得非常好、是很成功的。

第二，史料收集充分，广泛吸收前人学术观点。朱老师说这部书是用几年的时间完成的，实际上翻开看，它是几代人的积累，从清末直到现在，把每一个观点、每一个问题的解释，都写进来了。第一卷主编暴景升副教授，他吸收了很多成果，没有生搬硬套，而是很温和地写出来。

第三，突出宫廷建筑。我没想到宫廷建筑写了这么多，这是在以往的通史著作中很少见的，把盛京的宫廷建筑用很大篇幅写出来，我觉得这种处理很棒！因为人们看历史不是单一的人和事，还要看方方面面。

第四，内容涉及范围广泛。涵盖政治、经济、文化、艺术、法律、宫廷建筑等。法律和宫廷建筑部分写得很细，国家清史委员会现在正在做这个部分，而且也是我们几个人很关注的地方，所以我想从这部书中能得到很多的帮助，对我们下一次国家清史编纂的修改提供了很多值得学习的地方。

五 北京大学历史系教授徐凯发言

我想这是百年来最大的一部清前史研究专著，它的出版将会对清史研究、清代东北史研究起到积极的作用。大家知道清前史主要是指清入关前的清太祖和清太宗两朝，上溯到他的先世猛哥帖木儿，那么我们现在回过头来看，建州女真的历史，包括后金的历史，是和明朝的历史相通的，我们在中国通史的编纂中一个传统的做法是把这两朝放在明史的范围之内，那么从有清一代的历史视角来看，从清太祖、清太宗从赫图阿拉起兵，挺进辽沈定都沈阳，到经略辽西，征服朝鲜，在东北建立了一个非常巩固的根据地，为清朝入关打下了一个非常重要的基础。如果没有这两朝的基础，清朝入关是不可能的。从这个视角来看国家清史编纂委员会编纂大型的清史，打破了传统中国通史编纂的规律，把清太祖、清太宗两朝纳入了有清一代的开国史来编写。这给我们一个很重要的启示，即清朝前期的历史，在整个清史的地位和作用是非常重要的。国家清史编纂委员会能够打通清史，完成有清一代的历史编纂，这个应该说在整个清史编纂中取得了一个非常重要的突破。

清史研究特别是清前史研究至今已经 100 多年了，这 100 多年里因为众所周知的原因，清朝统治者不愿意讲清朝先世和明朝存在着这样非常密切的关系。在编纂《四库全书》的时候，毁灭了大量明朝后期一些典籍，因为这些典籍记载了他的先世在明朝比较多的活动。今天我们回过头来研究清前史的时候，应该说遇到的障碍不小。为什么不小，因为史料缺乏，即清朝统治者有意来掩盖他先世的一些历史事件。我们今天研究清前史面临着一个问题，就是很多的历史若明若暗，很多问题我们一时看不清，所以今天我们清史编纂委员会提倡要大量利用满文和其他少数民族语言文字资料，包括我们的邻居朝鲜。很多的清朝先世的活动，是借助于朝鲜史料来还原当时他们的历史面貌。孟森先生研究清前史是成就最突出的一个，他为中国的清史研究奠定了非常重要的基础。孟森先生利用了《朝鲜王朝实录》《明实录》和《清实录》等文献互相对校，梳理出满洲民族发展的一个源流脉系，同时对清朝先世和女真开国史事，进行了非常详细的考证。他先后完成了 3 部有代表性的著作，第一部是《明元清系通纪》，第二部是《清朝前记》，第三部就是《满洲开国史》，三部已经几次印刷几经脱销，所以有人说洛阳纸贵。我们说这三部书一个重要点就是揭开了几百年来清朝统治者掩饰的建州女真和明朝的关系，这是孟森先生非常重要的一个贡献。同时他也订正了日本学者研究清前史的一些错误，所以孟森先生的著作到今天对我们研究清前史还是具有非常重要的参考价值。

清前史百年来中外学者的研究成果非常丰富。所以这次编撰的 5 大本里注意吸收了前辈学人的研究成果，这是非常难能可贵的。2018 年是改革开放 40 周年，这 40 年间西方史学理论和方法传入中国以后，中国史学出现了多元化、多样化发展的态势，从而在较长时间里影响中国学界。社会史、文化史成了史学研究的一个主流，其他的政治史、经济史好像没有出现在这个主线上。我们说现在持这种史学观点的人越来越多，今天清前史的研究也有被淡化的可能。从每年期刊杂志发表的论文来看，清前史论文比例比较小，高质量的论文和著作也很少，所以这部书的出版会对清前史的研究起到重要的推动作用。

与同类著作相比，这套《清朝前史》有如下三个特点。第一点是部头较大，编撰体例较完备，时间的断限涵盖了清前史的各个节点。第二点是内容丰富，突出了满蒙关系的演进，增添了社会经济和文化。刚才有学者提出这套书对诸如盛京城的建筑、宫廷制度，都做了非常翔实的描写。第三点是史料翔实，注意发掘中外文献史料。

我们说这三个特点，是学者们辛勤努力的结果，广泛地吸收了学界的智慧。同时我们也注意到几个问题。第一点，就是清入关前 28 年里明朝与清（后金）、蒙古、朝鲜等的关系问题。这种政治关系错综混乱。刚才有位先生讲这个关系非常复杂，还包括其他的民族，有些问题受资料所限很难说清楚。比如说，清朝（后金）在入关前的社会形态问题。这个社会形态是奴隶制？农奴制？还是封建制？从先辈史学大家就开始讨论，大家争论不休，国内很多学者都参与了清入关前社会形态问题的讨论。第二点，清入关前的战争性质问题。是统一战争还是民族征服战争。那么这种战争过程当中激起的社会矛盾，是阶级矛盾为主还是民族矛盾为主，这都是需要我们更好地发掘史料来解释的问题。第三点，对清入关前的历史人物如何评价。所谓的贰臣，一直到乾隆年间还在讨论这个贰臣怎么看，大家没有一个统一的意见。因为中国传统记史，侧重于把史实说清楚，结论问题留给后人来判断。这 5 卷本《清朝前史》里主要是讲史实，少于评论，属于传统的修史。在我们修史过程中，如果评论的越多，最后我们这部书站住脚的时间越短，因为对历史事件和历史人物的评价难以摆脱时代的影响。但是我把史实描述清楚，就是修史成功的非常重要的一步，否则的话史料想流芳百世，传 10 年 20 年甚至 100 年，这是不可能的。因为大家会认为你这个评论太偏激、你这个评论有问题，我想幸好我们不是先入为主，而是描述史实，我翻了几章，史料用得都非常好，这样的话大家看这个史实描述，这个战争前后，从起点为什么打，怎么打，在什么地方打，战争的结果是什么，说清楚就够了。所以我讲这十几位学者勤奋著述历经4年完成这部清前史的著作，实属不易。

最后我想说一点，虽然目前清前史研究有被边缘化的风险，但是沈阳故宫博物院举起了清前史研究的大旗。2014年成立了"清前史研究中心"，每年都举行学术讨论会，办沈阳故宫学术讲坛，连续办了四五年，邀请省内外的学者，给大家做报告，社会效益非常好，学界评价也非常好，2017年被评为国家一级博物馆。2017年3月份就开始了《清前史通鉴》的编撰，要从原始资料，有两三百种吧，都把它一步一步整理出来，十几个研究员每人分几本书，全部把它处理出来，然后把它做成史料长编做搞成清前史大事记，最后完成通鉴。在白院长的主持下，这个平台一定会搭得很好，数据库也会建得很好，从这个意义上说清前史基地是在沈阳故宫，沈阳故宫为清前史的振兴做出了突出的贡献，今后我们期待应该有更多的上乘的清前史研究成果面世。

六 中国社会科学院近代史研究所研究员刘小萌发言

修清前史有特殊的难度，国内学者包括日本学者都有很多的著作，过去也是清史研究的一个热点。为什么说比较难呢？第一，它在时间上跟明史有一大段是重合的，一般意义上做清史的学者研究不了这一段或者说研究这一段有一定的难度。第二，除了研究清朝本身历史，还要研究中间的几大民族，蒙古族、朝鲜族、汉族以及以这几大民族为载体的政治实体的关系，同时这也是清前史研究的特点和难点。第三，文献方面，过去很长一段时间是日本的一些学者在这方面的研究做得最多，中国学者总体来讲在改革开放以后才出现一批比较优秀的研究著作。通过文献做研究对语言工具的掌握有特殊要求，比如说满文，现在不单满文，实际上还有蒙文，所以在这方面又推进了一步。现在光蒙文也不行了，从考古研究方面还有一些新的发现，反而文献穷尽了，所以现在最大的一个问题就是清前史的文献资料基本上已经穷尽了，这也是清前史研究多年来显示颓势状态一个主要原因。目前国内学者以及国外的学者，很少有人在清前史上面下功夫了，难度太大，又没有新的文献，这也是一个难点。所以在这种情况下，这部巨著的出现是对清前史的一个大的推动。

《清朝前史》的出版不单是对清前史的一个研究，还包括对满族历史、蒙古族历史、北方民族历史、东北地方史、边疆史等相关领域的研究。我关注这部著作的地方就是清前史研究中争议比较大的一个问题，即努尔哈赤的死因。（努尔哈赤）是炮打死的，还是病死的？还有皇太极登基是否属于篡位？是否篡的多尔衮的位？在这两个问题上我觉得这本书做了很好的说明，只是对尺度拿捏还有些欠缺。《清朝前史》的出版对完善清史研究有很重要的参考价值。

最后再说几个优点，这套书篇幅大、内容系统全面，整体来讲质量是很高的。尤其是作者中几位老先生，不是几年突击的成果，而是几十年的学术积累。不论是关于民族关系，关于明朝治理辽东政策的利弊分析，还是明清战争和重要人物的历史评价方面，都把这些专题研究又向前推进了一步。这套书弥补前人研究的疏失，把文化史、宫廷史纳入我们清前史研究的视野中。过去无论日本学者还是中国学者写的清前史都是政治史和军事史，这次囊括了文化史，对研究入关前清朝（后金）文化史、满汉民族关系都有重要的意义。我认为翔实的史实考证是本书的一大亮点。举一个例子，张玉兴老师在这套书编写过程中引用辽宁民族出版社版的《内阁藏本满文老档》。作为一个老学者，尽量用原始的、权威的档案。再说明一点有助于清史研究的宏观思考，这些年我们一直说大一统，但是谈大一统，不等于我们讳言历史中的民族暴力。其实民族融合的一个重要途径就是暴力，就是战争。所以这本书处理得很好，对于努尔哈赤攻打辽东制造的一系列惨案一点没有回避，也不讳言努尔哈赤统治辽东时期的一些事，包括种种的杀害。只有把努尔哈赤的弊政、暴力写实写透，才能昭显清太宗皇太极大刀阔斧、拨乱反正的英明，这也是新兴清王朝迅速崛起的一个关键。这方面把握得很好。

七 北京师范大学历史学院副院长、教授李帆发言

《清朝前史》这部书我看过之后有三点体会：

第一，这部书填补了清史研究的空白。刚才对于入关前的清史研究，徐凯老师已经讲了很多，包括之前很多先生都做过非常多的研究工作，但到目前为止，5卷本257万字的皇皇巨著还是第一部，而且填补了很多领域的空白。

第二，这部书史实严谨、考辨精良，资料非常丰富。书中有的部分让我感受很深，很多问题都做了不同程度的考辨。比如说李自成的下落问题，李治亭先生列举了很多说法进行了精深的考辨，然后对其中一些说法进行鉴别和认同。

第三，我觉得这部书是从我们中原王朝史的角度出发编写的。这一点特别关键，为什么我要强调是站在中原王朝史的角度来写呢？因为有一些海外学者主张对于满、蒙历史的研究脱离开中原王朝史。我想这里面有多种情况，有学术因素或其他，但不管怎么说，这种说法对于我们多民族国家是很不利的，对于我们多元一体的中华民族也是很不利的。这部书不光

是对清史研究，对明史研究都有裨益。不管是明史还是清史，这是从我们中原王朝的角度，从我们整个中国通史、中国王朝历史的角度来写，这一点来讲就是非常重要的。因为有些人认为清朝、元朝不是我们中国的，他们总是有各种各样的说法，而这部书在这一点上我觉得非常有价值。

最后我提个建议，我们这套皇皇巨著 5 卷本 257 万字，对于很多读者来讲，读起来会有一定的困难。下一步能不能出版一个几十万字的《清朝前史》简编本，有些注释不一定非要像这套一样全都标注出来。因为现在对于一些清史爱好者或者普通的读者，甚至包括大学生、研究生而言，太缺乏清入关前历史的基本素养和基本知识的了解了。

八 中国社会科学院清史研究所主任林存阳发言

《清朝前史》的出版是 2018 年新春伊始清史学界的一件大事，受到了广泛的关注。首先这套书非常厚重，这种厚重不仅仅体现在 5 卷本、257 万字的篇幅上，同时它也表现在包括两位总主编，8 位分卷主编，10 位作者在内的集体智慧和辛勤劳动上。他们在多年深厚学识积淀的基础上完成了这部著作。它的厚重还表现在关于清朝前史的研究上，孟森先生等人已经做了深厚的铺垫。这套书的编纂吸收了朱诚如先生主编的《清朝通史》、李治亭先生主编的上、下两册《清史》内容，系统、完整地展现了清朝前史的脉络、史实、重要节点和重大变化，地位非常重要。如果我们从万历十一年（1583）年到顺治元年（1644）这段历史来看的话，它不仅对清史研究具有重要意义，对晚明史乃至更广大的东亚史都具有重要意义。我们对清朝这段历史的研究关系到很多层面，从现在全球史的视野来看，我们重新审视 16 世纪 80 年代至 17 世纪上半叶这段历史，具有非常重要的意义。

这套书在一定程度上回应了新清史对清朝历史认识的偏差。如果说入关后还存在是不是汉化的问题，那么入关前肯定是满洲的特色，通过这套书我们可以看到，不能这么简单地归分。这套书的出版将会很快受到学术界和社会各界的重视，它的再版也将会很快提上日程。再版时如果能加上参考文献的书目会更完整。另外在引用文献的时候，例如实录，有的卷的注释比较详细，细化到页码，有的卷实录引用没有页码，如果全书能进行统一，就更完美了。

九 中国人民大学清史研究所教授刘凤云发言

这样一部书出来，确实有一种震撼的感觉。几位主编和作者，有很多人都是我熟悉的，而且像张玉兴老师、李治亭老师、朱诚如老师，这都是我称之为老师的这一些人，他们亲自在写。还有像佟悦、姜相顺，这都是我很熟悉的。特别是上了年纪的这些老师，这部书可以说是他们三四十年的一个研究的结晶，所以这部书是非常有学术价值的，应该说能够超越这样一部著作，在今后几十年里面，是很难做到的。

说到这部书的学术价值，我认为"以史为证"是一大亮点。关于清前史的研究，在学术界属于政治史研究，关于政治史研究被边缘化的问题，其实是非常值得担忧的。这不仅是国内的现象，而是世界性的一个问题。这部书坚持了史学的最基本要求，就是以史为证。它不是空论，它能够经得起历史的考验。

出版 5 卷本《清朝前史》，在目前清前史是具有突破性的。它把分散的研究集中起来，具有十分重要的学术价值。本书对民族问题、边疆问题、族群问题等都做了很好的回答。我翻了下第 1 卷，感觉里面直接回应了当前学术界关注的重点问题，比如满洲民族共同体的形成问题，我们之前讲满洲民族共同体的形成，大都是从清八旗制度建立之后开始，但书中叙述，实际从晚明就已经开始了。对我们一个多民族国家的形成问题，对满洲到底是不是中国的问题，都是一个最直接的回答。另外，关于这一段清前史，研究明史的人不是很关注，研究清史的人也少有触及。清入关后，把很多与明朝相关的档案都给销毁了，所以这段的历史是若隐若现的，而这部书里把明朝对女真的一些管理包括朝贡、敕书等，以及他们内部的民族纠纷问题都做了很好的梳理。这也是这部书的一大贡献。

十 中国社会科学院研究员李尚英发言

清前史研究从孟森先生开始蹚路，到现在朱诚如、白文煜两位先生主编的这部书，史料收集、整理非常扎实牢靠，这是对清史研究很了不起的重要贡献。按照大一统的观念，为清史定位，正面阐述满族是中华民族大家庭的一员，正确理解清朝入关、明清战争是顺应历史发展的趋势，这一点非常重要。把清入关之战说成征服中国、征服民族的战争是错误的，这是很重要的一个贡献。在研究方法上，各个学科联合，增加了沈阳故宫的修建和沈阳故宫的文化内涵，这一点是以前没有的，也是很重要的贡献。这部书的出版不仅对清史研究作用重大，同时也奠定了朱、白二位先生在清史研究中的学术地位。这部书史料丰富，而且大多使用原始史料、一手史料。还有一个特点是图表丰富，不看内容光看图表就是一部清前史，这是一个新的创意和贡献。

最后有两个建议。第一个建议是这部书吸收了很多前人成果，能不能把前人成果都达到什么程度整理出来。第二个建议是这部书有的章节文笔可以再精练些，那样就更好了。

（本文根据会议录音整理）

"盛京与清朝兴衰"学术研讨会会议综述

张国斌 黄 嘉

沈阳故宫博物院，馆员。

盛京即沈阳，是清朝改元建国后第一个都城。天命十年（1625），清太祖努尔哈赤将国都由辽阳迁至沈阳，营建了大政殿（笃恭殿）、十王亭等宫殿建筑，从此开启了沈阳故宫的营造历史。天聪八年（1634），清太宗皇太极将沈阳正式更名为"天眷盛京"（满语称"穆克敦"），开启了盛京作为都城的历史。顺治元年（1644），清迁都北京，尊盛京城为"陪都"。有清一代，盛京城始终受到皇帝的重视，其政治地位乃至经济、文化地位十分重要，与清王朝的历史相伴共荣。有鉴于此，2017 年 11 月 16—17 日，沈阳故宫博物院举办了"盛京与清朝兴衰"学术研讨会。来自国家清史编纂委员会、故宫博物院、北京大学、中央民族大学、北京社会科学院满学所、吉林省社会科学院、吉林师范大学、东北师范大学、沈阳建筑大学、清东陵文物管理处、清永陵文物管理所、沈阳市考古研究所、辽宁社会科学院、沈阳故宫博物院等单位的50 余名专家学者应邀参会。

关于"盛京与清朝兴衰"研究的重要性和学术价值，沈阳故宫博物院白文煜院长在开幕致辞中做了很好的阐释：作为清朝改元建国后的第一个都城，盛京的兴起、繁荣乃至巨变，可谓清朝兴衰的历史缩影。清入关前，经历清太祖、清太宗两代帝王的精心营造，沈阳宫殿巍峨，官署完备，王府井然，坛庙齐全，成为名副其实的一代国都，城名也被清太宗改为"天眷盛京"。清入关后，盛京被尊为陪都，一直受到清朝政府的重视，并在此设立盛京将军、盛京内务府以及户、礼、兵、刑、工五部衙门；鸦片战争之后，清王朝面临"三千年未有之变局"，逐渐衰落。盛京也在列强的枪炮下，失去了昔日繁华。今天，找寻清朝兴衰留下的历史印记，探索清朝政治得失以及盛京文化，不仅可以发现并解决清史研究中的若干问题，也可以从清朝兴衰的历史中吸取经验或教训，具有深刻的现实意义。

沈阳故宫博物院首席顾问、国家清史编纂委员会委员李治亭先生在开幕致辞中亦提到，"盛京与清朝兴衰"是一个重要的课题，在清史研究，盛京城研究，沈阳故宫研究方面都具有开拓性的深远意义，值得坚持下去长期研究。从清史研究的角度来说，时至今日，不过百年，但是动态上已经几次达到高潮，目前趋于缓和。除了研究方向微观细化，也已经开始与其他学科相互融合交叉，出现了大量跨学科的组合型研究论文和专著，希望今后能对一些重点问题展开深入探讨。从清朝盛京城研究来说，盛京城的变迁与清朝的兴衰息息相关，它不仅是清朝入关后的陪都，更是清朝的肇兴之地。迁都盛京城以后，经过清太祖和清太宗的努力开拓，清朝（后金）终于占得天时、地利、人和，逐步掌控东北进而一举统一全国。从沈阳故宫与清史研究来说，沈阳故宫作为盛京陪都宫殿，有清一代一直在统治核心占据着重要地位，无论其建筑、历史、文物、人物都大有可书之处，值得专家学者们深入探讨。

与会专家就"盛京与清朝兴衰"主题，提交了30余篇论文，内容涉及盛京政治、经济、财政、家族、祭祀、礼仪、服饰、碑刻等领域。现归纳总结一些主要的讨论问题，以展示此次会议取得的学术成果。

一 清史研究

本方面的研究，有中央民族大学赵令志教授的《太祖朝〈满文老档〉之 mukūn tatan be ejehe dangse 考辨》、辽宁社会科学院历史研究所张玉兴研究员的《"后金"称谓驳议》、东北师范大学历史文化学院院长刘晓东教授的《雍正时期清王朝的"华夷"新辨与"崇满"》、辽宁社科院历史研究所副所长孟繁勇副研究员的《盛京地区军事战略地位的演变与清朝兴衰》、北京市社会科学院关笑晶助理研究员的《清代盛京旗民命案研究——基于"刑科题本"的历史计量分析》、吉林师范大学孙守朋教授的《乾隆四十三年盛京银库亏空案》、沈阳故宫博物院李大鹏助理馆员的《从盛京海运米粮"接济"各省看乾隆朝海运赈灾制度的完善》等文。赵令志教授通过对《满文老档》第79—81册题名为 mukūn tatan be ejehe dangse 记载的考辨，认定此3册档案并非记载族籍之内容，而是万历三十八年（1610）努尔哈齐分配兼并哈达时所得363道开原南关诰命敕书之记载。其文从这些敕书的来源及档案内容两方面进行分析，探讨了明末卫所贡敕制度的演变及女真地区卫所职能衰落、敕书管理及作用等问题。张玉兴研究员的文章则认为，女真首领努尔哈赤建国时称之为金国，到1636年皇太极建号大清以前，一直沿用金国这一称号，并无"后金"之表述。刘晓东教授的文章对清朝统治者"华夷"观念的演变进行了详细论述，认为这种演变是与国家统一进程的基本实现与自身"夷夏协同"的新"大一统"理念的演变互为表里，这也便形成了清代内地采"行省"、边疆用"藩部"，因地制宜的双重管理体制。乾隆皇帝对满洲民族意识的梳理与重塑，从更深的政治层面考虑，乃是在当时汉化加剧与蒙古、回部势力崛起的背景下"崇满洲以安藩部"，从而有效维系"大一统"政治格局的切实需要。因此，他认为清代的国家建构理念称为"法明崇满"似乎更为贴切。孟繁勇副研究员的文章详述了有清一代盛京军事战略地位的变迁，表达了东北的得失关系中国之兴衰的观点，清朝"得东北进而夺得天下，失东北从而失天下"的历史就是一个鲜明的例证。

二 盛京城研究

本方面的研究，有沈阳建筑大学陈伯超教授的《盛京城——满汉都城形制的双经典范例》、沈阳市文物考古研究所姜万里研究员的《清盛京城王府考古调查、发掘与王府建筑、规划的再认识》、沈阳故宫博物院佟悦研究馆员的《盛京八门八关及钟鼓楼始建年代辩正》、沈阳故宫博物院邓庆研究馆员的从《〈盛京赋〉谈盛京城在清朝早中期的兴起与鼎盛》等文章。其中，陈伯超教授围绕清朝崛起与盛京城建设，从建筑学的视角为与会者做了精彩的学术报告，让人耳目一新。佟悦研究馆员的《盛京八门八关及钟鼓楼始建年代辩正》通过分析考证，认为近年所出改变盛京八门、钟楼等建筑始建年代的几种观点，虽然以清太宗时期《满文老档》和汉文档案作为依据，但都不能成立。导致其得出错误结论的原因，主要是对相关史料的误读。在不能提供充分史料证据的情况下，都难以否定乾隆《盛京通志》中有关盛京城建筑年代的成说。结合对一些具体问题的研究，其文还提出盛京钟鼓楼的建成年代，既非天命末至天聪初，也不应是旧志所载天聪五年（1631），而应该是崇德二年（1637），并为这一新看法提出相关的理由。

三 盛京皇宫研究

本方面的研究，有沈阳建筑大学吕海平教授的《盛京皇宫采暖系统研究》、沈阳建筑大学朴玉顺教授的《沈阳故宫歇山屋架的构造特点及成因》、清东陵文物管理处徐广源研究馆员的《清陵中的盛京皇宫元素》、沈阳故宫博物院副院长李理研究馆员的《论清初盛京皇宫独特的木结构设计》、沈阳故宫博物院李建华副研究馆员的《迪光殿建筑陈设述略》、沈阳故宫博物院苏阳副研究馆员的《从沈阳故宫两座戏台建筑看清中期盛京文化提升》、沈阳故宫博物院尚文举副研究馆员的《〈奉天宫殿建筑图集〉中的沈阳故宫彩画》、沈阳故宫博物院吴琦助理馆员的《清初沈阳故宫居住院落空间特点及成因》、沈阳故宫博物院刘巧辰助理馆员的《沈阳故宫游廊建筑及其空间特点略述》等文章。其中，朴玉顺教授的文章以翔实测绘和实地踏勘为基础，通过与中原官式建筑营造做法的比较，揭示出沈阳故宫歇山建筑山面梁架的构造主要类型特点以及歇山建筑主要特征之收山问题的特殊处理办法，并进一步分析了形成其特殊构造做法的原因。徐广源研究馆员的文章则考察了盛京皇宫和清朝皇陵在建筑格局、建筑规制及做法等方面的相通之处，认为清朝在营建皇陵时，特别是关外清陵时，借鉴了盛京皇宫的一些做法，故而在清陵中有盛京皇宫的元素，能看到盛京皇宫的影子。李理研究馆员的文章以沈阳故宫现存和已经改制的皇宫建筑为研究对象，通过对其采用的木结构构件、木雕装饰进行梳理、研究，以使人们对这些木结构设计有充分的了解，对清早期独特的皇家建筑有更深入的认识。尚文举副研究馆员依据1929年日本学者伊藤清造出版的《奉天宫殿建筑图集》所载彩画内容，与对应部位的彩画现状进行对比，结合沈阳故宫建筑彩画维修历史，分析异同，探究差异形成的原因，阐述其对沈阳故宫文物保护的价值。

四 盛京文化遗存研究

这方面的研究，有抚顺市社科院满族研究所原所长张德玉研究员的《从扈什哈里氏敕书看清代八旗子弟的盛极而衰》、沈阳故宫博物院罗丽欣研究馆员的《从清乾隆官窑瓷器看清朝的盛衰气象》、沈阳故宫博物院杜恒伟副研究馆员的《从〈训移居盛京宗室文碑刻〉看嘉庆皇帝设置宗室的历史统治背景》、沈阳故宫博物院张国斌馆员的《雍正年间盛京地区的忠义孝悌祠与节孝祠》、沈阳故宫博物院张莹馆员的《四阁名扬 玉册为证——院藏〈御制四阁记〉玉册》、沈阳故宫博物院庄策助理馆员的《文徵明〈醉翁亭记〉行书卷及相关问题考略》等文。张德玉

沈阳故宫博物院院刊 第二十辑

研究员动情地讲述了新宾佛满洲扈什哈理（关）氏所保存两份诰命书、十三份敕书的发现过程和获得经历，其中的艰辛和不被信任让与会者动容。其文交代了敕书的来历、传承，反映了晚清时期满洲氏族不思进取、坐享其成，而精神上的颓萎最终导致了大清王朝的灭亡。罗丽欣研究馆员的文章通过清代乾隆官窑瓷器烧造这一角度，分析清初统治者在学习、掌握并逐渐对汉文化驾轻就熟这个过程中，如何从谦逊到自大，大清朝又是如何从蒸蒸日上渐渐走向衰落。

五 盛京文化习俗研究

这方面的研究，有北京市社会科学院满学所副研究员晓春的《清入关前满洲祭纛习俗研究》、沈阳师范大学社会学学院李云霞教授的《满语教学的若干问题》、沈阳故宫博物院李晓丽副研究馆员的《清入关前满族服饰的演变方式》、沈阳故宫博物院徐来馆员的《从盛京坛庙看中原文化对满洲礼制文化的影响》等文。晓春副研究员以祭纛这一战争年代特有的宗教仪式为主题，探讨了入关前满洲祭纛习俗的特点、文化根源以及和蒙古祭纛习俗之间的关系等问题。李云霞教授则从满语的传承和满族文化的弘扬的角度，阐述了教学中的若干问题，引发了与会者对相关问题的共鸣。

盛京是清王朝的龙兴之地，在清入关后被尊为陪都，一直有着特别重要的地位。盛京政治、军事、经济、文化等方面的斐然成就，与清王朝的兴盛密切相关；反之，当王朝衰落，这片土地再也得不到来自朝廷的支持和保护，在列强的枪炮中变得断壁残垣，就连盛京皇宫也沦为列强的驻兵场所。可以说，盛京乃至沈阳故宫的历史，就是清朝兴衰的见证和缩影。沈阳故宫博物院首席顾问、北京大学明清史研究中心主任徐凯教授在总结致辞中指出，围绕盛京发展变化，怎么看盛京在清朝的历史地位，是一个值得研究的大问题。这次会议既有理论意义又有学术价值，与会学者围绕"盛京与清朝兴衰"这一主题，从不同视角探析盛京城历史变迁，其中关于盛京建筑与文化的论文有 10 余篇，大到盛京城设计，小到宫廷火炕，研究颇有新意。未来研究"盛京与清朝兴衰"这一课题，还需要具有大盛京视角、突出盛京文化研究、注重发掘中外史料。乾隆《盛京通志》里，盛京的概念包括辽宁、吉林、黑龙江，重视大盛京概念[①]，可以对盛京研究起到一个推动作用。盛京文化应当是中国文化的一个重要组成部分，它以满洲文化为主体，广泛吸纳汉族、蒙古族、藏族乃至朝鲜的文化元素。八旗制度的建设，吸收了辽、金等不同文化。清朝文化是多民族文化融合的缩影，清太宗的政治体制改革，不仅吸

---

① 截止到嘉庆二十五年（1820）。

收了明朝制度，还大量借鉴了朝鲜、日本的制度。可以说，文化对国家的兴盛发展起到非常重要的作用。我们的国家建设，同样要加强文化建设，提高软实力。

沈阳故宫博物院院长白文煜先生表示，沈阳故宫作为与清朝兴衰息息相关的文化遗产，这里的巍峨宫殿、宫廷珍宝、皇家典籍，无不展示着清朝从白山黑水走向神州大地的壮阔篇章。沈阳故宫博物院清前史研究中心的建设，不仅需要全院研究人员对清前史事的爬梳整理，更需要诸位专家学者对沈阳故宫、对盛京的关注和研究。俗话说：见微知著。深入挖掘沈阳故宫的建筑、历史、文化内涵，对探索历史规律，进而以史为鉴，具有重要意义。沈阳故宫博物院将一如既往地坚持"特色立院、人才兴院、学术强院"的办院方针，扎实推进清前史研究中心的建设，不断增强学术研究的深度和广度。

‖内容提要‖

科技馆是一个国家科技、文化和社会发展形象的体现和重要窗口，也体现了经济、科技、社会和综合国力。本文在考察韩国、日本、新加坡科技馆现状的基础上，从功能定位、展览内容、展示手段和传播教育理念等方面进行分析，得出一些对我国科技馆的建设与发展具有实际操作价值的启示，以期最大程度地发挥我国科技类博物馆的教育和传播功能。

‖关键词‖

国外科技馆　教育传播　分析　启示

国外科技馆教育传播的分析和启示
——基于韩国、日本、新加坡科技馆的考察

李保平

天津科学技术馆，馆员。

科技馆是体现一个国家科技、文化和社会发展形象的重要窗口，也是经济、科技、社会和综合国力的标志。其主要任务是面向公众弘扬科学精神、普及科学知识、传播科学思想和科学方法，满足公众的科技需求，提高公众的科学素养，为全面贯彻落实科学发展观，构建和谐社会，建设社会主义物质文明、精神文明、政治文明建设服务。

科技馆作为"普及科学技术知识、传播科学思想和科学方法"的平台，是面向公众尤其是青少年开展经常性、群众性科普展览教育活动的重要阵地，对提高国民的科学素质发挥着重要作用。随着科学技术的进步，世界科技博物馆事业获得了蓬勃的发展，科技馆教育亦日益引起各国的重视。为了紧跟世界科技发展的潮流，吸取国外先进科技馆建设的经验，2017年，笔者考察了韩国果川国立科学馆、日本国立科学未来馆、新加坡国立科学馆，就其功能定位、展览内容、展示手段、传播教育理念等进行了详细调研。本文在对亚洲这三个典型的、水平较高的、主流的科技博物馆进行了分析的基础上，得出一些对我国科技馆的建设与发展具有实际操

作价值的启示，以期最大程度地发挥我国科技类博物馆的教育和传播功能。

一 国外科技馆概况与特点

（一）国外科技馆概况

韩国国立果川科学馆

果川科学馆 2008 年开馆，建筑面积 52,485 平方米，年接待观众 200~240 万人次，平均日接待量 5000~6000 人次。现有正式员工 80 人，为国家公务员编制，外包企业员工 200 人，展馆运营人员 55 人，讲解人员 7 名，其中 1 名为英语讲解员，6 名韩语讲解员。馆内设有基础科学馆、尖端技术馆、儿童探究体验馆、自然展示馆、传统科学馆、表演室等 7 个常设展区。户外设有天文馆、天文观测台、太空世界、昆虫、生态公园、科学运动场等 6 个展馆。展厅内 700 多件展品中 50% 以上利用尖端媒体技术，其中 70 多件为参与体验项目。展示环境具备世界水平，生动形象地向人们展示科学技术。

日本科学未来馆

日本科学未来馆 2001 年开馆，展厅分为地上 8 层和地下 2 层，总面积 8,881 平方米。现有 200 多名员工，其中研发人员 60 余人。

科学未来馆以让观众接触和体验尖端科技为己任，展示理念是以 21 世纪新知识为主，通过常设展览、企划展、影像、互联网等各种方法在馆内外传播尖端科学技术，同时努力以独特的方式开发传递方法。展品不涉及自然博物史以及基础学科和基础知识，展厅里的展品数量不是很多，但大都留有足够的教育外延空间，以科技发展的最前沿信息作为展品的主要依托，介绍科学技术与社会发展之间的关系，了解科学技术对生活的影响，对大众进行科技教育、培养青少年对科学技术的兴趣。为让参观者亲身体验科学技术，在每个展厅都设有实验区，并有科学交流员和志愿者进行现场指导，与观众进行多种互动实验，使参观者在亲身体验尖端科技的同时，思考科技的意义并展望科技的未来。

新加坡国立科学馆

新加坡科学馆 1977 年开馆，占地 3.5 万平方米，展示厅 1.5 万平方米。包括万象馆、天文馆、儿童站、外太空、人脑等 8 个展馆，展示 850 多个展品展项，为公众提供能够参与并且专心学习的环境来普及科学。通过举办自然科学、生命科学、应用科学、技术与工业领域等一系列展示日常生活和国家发展的创新科学展览，以及各类参与性的实验，培养公众特别是青少年动手探索的学习能力。该馆设有 DNA 实验室、创客实验室等各类培训教室 12 个。

（二）国外科技馆的特点

为了更好地向公众普及科学知识，亚洲部分科技馆有以下几个办馆特色非常值得借鉴。

科普工作接地气，尖端科学与普通市民有效衔接

韩国果川科学馆非常注重科学知识对小朋友的启迪，营造环境启发他们对科学领域的向往。馆内在不同区域以大面积展示了诺贝尔奖及获得者的事迹、亲笔题辞等，并将诺贝尔奖获得者设计成小朋友们喜欢的卡通人物造型，使这些人物事迹以小朋友们耳熟能详的造型展现出来，易于接受且便于记忆，一下子拉近了距离，让人们感觉诺奖不再枯燥和遥远。

日本科学未来馆通过举办"传播科学知识"等实践活动，在馆内外培养科学知识宣传员，还将研究人员、技术人员、媒体、志愿者、朋友会、来馆宾客、立法府、政府机关、学校、国内外的科技馆、产业界等8个部分作为连接未来馆活动与社会的纽带，形成网络，起到将尖端科学技术与普通市民连接在一起的作用。

与最尖端的科学家进行合作，共同开发展览展项

日本科学未来馆十分重视与国内一流科学家和研究人员间的关系，联系非常紧密。例如：中微子展览。中微子因为非常小，很难探测到。日本一位科学家利用一个装置探测到了中微子并因此获得诺贝尔奖。科学未来馆与该科学家联系希望有此展项，因其研究繁忙，推荐另一位学者开展合作，若干年后，这位学者也获得了诺贝尔奖。因此，该馆的中微子展览是全部由诺贝尔奖获得者撑起来的。

邀请各个大学、研究机构，把研究室搬到科技馆

日本科学未来馆为大学和各研究机构提供研究的设施和条件，将研究室在每周周末开放，供到馆的各界公众参观。使生活中没有条件接触科研机构研究室的公众，特别是青少年学生接触到不同科学领域的研究。同时，研究人员通过与大众的交流，也获得研究方向及开发产品的意见，从而开展新的研究。为其提供了双向交流的场所，科研项目人员也可以利用场馆区域进行研究试验，获得科研试验数据，收集资料，达到事半功倍的效果。

建立科技交流员机制

日本科学未来馆建立了科技交流员机制，以5年时间为最长雇佣期限，交流员必须有硕士以上学位和做过科学研究的经历，在5年时间内掌握把研究以简单明了的方式传达给参观者的技能，以问答等互动方式把展品更多的背景材料及深度知识提供给来馆公众。因为展览所涉及内容有限，此方法把更多的思考方式和空间留给公众，弥补了展览内容不足的缺陷。5年合约期满后，交流员把此项技能带到大学、研究机构、企业等其它领域，进行更大范围的讲解和科学知识的普及。这也是培养把研究成果等科技生产力向大众普及的能力。

将科技馆教育纳入国家教育体系

亚洲部分科技馆在青少年的参观普及方面也给全世界带了个好头，例如日本的学校把科技馆的科普教育纳入教育体系，做为课程的一部分。一些距离科技馆较近的学校会把科学馆做为校外活动课的一部分，学生课余时间到馆参观；全国范围内一些较远的学校会把科技馆教育做为休学旅行，用2—3天时间在某一地区停留，其中一部分时间做为到这个地区的科技馆学习的时间。学生们在学校学习物理、化学等理科方面的知识，这些在教科书中能学到，但在生活中如何应用对学生来讲是没有具体概念的，科技馆会把教科书的内容结合实际生活中的应用进行理论与实践相结合的体验，有助于学生们的学习。

主题展览丰富多样

韩国、日本、新加坡的科技馆都设有多个主题展厅和培训教育。例如韩国国立果川科学馆十分重视培养青少年"动手操作"的能力，多个不同主题的创客活动培训教室分布在展厅各区域，根据个人兴趣为各种年龄的同学们提供计算机、自然、拼装等动手实践活动的场所。新加坡科学馆设有大小面积不一的展览厅21个，可单独使用，也可拉开间隔打通来举办展览。每隔几个月就会举办一次不同主题的展览，同期可有2~4个展览。展览设计由大学教授、工程专家等在内的顾问团队对展览提出设计意见。展览经费方面，由政府拨付启动资金，剩余资金由场馆邀请企业等赞助商加入，赞助资金一般情况都大于预算金额，资金充裕，展览的规模和实际内容往往超出预计效果。

展品更新周期短

韩国国立川科技馆、新加坡科学馆展品按主题和展期平均每5年翻新改造一次，其中机器人等科技含量高的展区2—3年进行更新。展品的设计和布展方面，新加坡科学馆邀请制造商参与，由场馆设计团队设计，制作方根据馆方的规划和要求进行制作，展品由馆方负责维护，涉及展品概念、理念及获得的相关专利由馆方持有。

展品的维护方面，日本科学未来馆和新加坡科学馆的一些常规展品是由馆内的馆员和相关技术人员维护，另一部分展品由开发制作厂家负责维护。因厂家到馆成本较高，展品的维护以馆员和馆内技术人员为主，厂家维护为辅。

二 分析与研究

通过对国外科学馆的考察发现，在亚洲发达国家科技馆教育已深入人心，成为市民文化生活的一部分，观众量较为稳定，常年不断。经过长期的积累和发展，韩国、日本、新加坡的科技馆已经在功能定位、经营管理、运行模式等可持续发展方面积累了丰富的经验，运营体制相对成熟稳定。其功能定位主要是研究、文化交流和科普，将科技馆提升到了文化产业的高度，每个科技馆都有自己显著的特色和不可替代的功能，有着自己独特的运作模式。科技馆也从立法和资金保障两方面得到政府的大力扶持。政府通过种种政策鼓励民间机构对科技馆的资助。科技馆的发展与布局已进入稳定时期。

政府重视科技馆建设

韩国、日本、新加坡科技馆都是政府投资建设，科技馆管理经费、工作人员经费列入政府财政预算。科技馆馆址一般选在人员流动性大的地方，如日本科学未来馆建在繁华的东京湾，与之齐名的日本国立科学博物馆建在东京著名的上野公园内，从中可以看出政府对科技馆建设的重视。

展示高新技术和科学的未来

调研的 3 个场馆展示的均为当今世界高新尖端技术，涉及基础学科的内容比较少，同时对未来科技发展和人类生活进行畅想，从而启迪人们对科学技术的向往。如日本科学未来馆，韩国果川科技馆展示的都是这方面内容，给人全新的感觉。

展示内容贴近生活

日本的科学未来馆、东京科学馆和韩国果川科学馆都设置了环境保护方面的内容，大阪科学馆还有防地震灾害、防火灾的内容，这部分内容不如高精尖科学技术显眼，但却贴近生活，更加实用。另外这 3 个国家的科技馆都用先进的数字技术演示人类现在或未来的生活，显得非常真实，把高新技术融入生活中，容易吸引观众。

展品完好率高，展品设计突出"动手"操作

鼓励参观者"动手"操作是韩国、日本、新加坡科技馆最大的特点。在展展品不论美观与否和教育效果如何，都坚固耐用，展品完好率很高。在韩国果川科技馆、日本科学未来馆、东京科学馆、大阪科学馆和新加坡科学馆内几乎没有看到破损和待修不能运行的展品。

有自己的展品研发机构，各场馆间展品不雷同

韩国、日本、新加坡科普场馆都设有自己的展品研发机构，其展品给人耳目一新的感觉。同一个国家不同地区的科技馆也没有相同的展品。每个场馆都配备大量研发人员，日本科学未来馆的研发人员占全馆员工的三分之一，展品制作过程一般是馆内研发人员提出创意设想，外请美工人员修饰定型，然后请有关工厂制作。

管理方式灵活，与各类企业和商家广泛开展合作

韩国、日本、新加坡科技馆均为国立科学馆，建馆主要是政府投资，但也有展览、展品、

包括实验室是行业协会等企业投资建设的。开馆运营资金来源主要有政府拨款、自筹和社会赞助三种途径。国外绝大多数科技馆兴建时主要靠政府投资，但开馆后的社会赞助则较为经常和普遍。

三 启示与思考

通过此次考察，对于国外科技场馆的办馆理念、运营方式以及科学管理等方面有了较为深入和系统的认识，针对国内科技馆特别是天津科技馆的发展，有如下启示与思考：

承接中小学科技活动课职能

充分发挥科技馆第二课堂作用，把科技馆教育与学校教育相结合。随着社会的进步，教育和科学形成了各自的分工体系，让每一所中小学都提供科学试验的条件是不可能的，让科研机构和实验室对广大公众经常性地开放也是很困难的。而科技馆就是教育和科学相合的纽带。将科技馆作为中小学科技活动基地，结合科技馆相应展品进行现场教学，使枯燥的科学原理与互动相结合，同学们通过亲自动手和现场体验加深对书本知识的理解。同时，创新展教职能，天津科技馆也要在培养公众尤其是青少年的创新意识和能力上下功夫，进一步激发公众对于科学技术的兴趣。

展品设计研发突出科学与艺术完美结合

随着时代的发展，社会文化知识一方面表现出专业化、精细化趋势，另一方面又体现出与其他学科交叉，学科综合现象日益显著。现代科技馆在展品的研发设计和更新方面也面临同样的发展趋势。传统理念的展品已经不能满足人们对科学的探索。保持科技馆展品常展常新，满足公众日益增长的对科技文化的需求是科技馆面临的一项课题。实现展品设计与艺术的融合，形成科技馆创新与特色，实际上就是科学与艺术的结合。用科学与艺术融合理论在科技馆展品设计研发的各个环节，以科学与艺术相融合的展品吸引公众，保持在展展品常展常新，以此促进科技馆的发展。

建立科技馆智能化展教管理

随着移动互联网及物联网技术的发展以及科技馆行业的发展，借助现代化的管理方式，依托大数据平台，将智能化技术应用于展教服务管理中，实现展厅、展品的控制管理、展品监测和维修管理、数据统计分析、客流监测、智能导览等功能，将科技馆的展教管理智能化，大幅度提升科技馆的服务水平和服务的规范性，对科技馆展教管理和服务将会起到良好的促进作用。

开展不同主题的科普活动

为了丰富科技馆的活动内容、引发青少年对科学的兴趣，在财政条件允许的情况下，利用各种方式，开展丰富多彩的科普活动。充分利用"创客空间"的设施和条件，开展各种动手类活动，还可以通过科普报告会、短期专题科普展览、科技馆活动进校园等活动将科学知识带到社会每一个层面，更能广泛宣传科技馆、增加知名度。直接参与此类活动的观众或许有限，但通过这些活动可以吸引媒体宣传报道科技馆，使更多的人了解科技馆，进而喜欢科技馆，这可在一定程度上增加科技馆的潜在观众群，增加了科普的辐射面。

进一步加强科技馆研究

随着科教兴国战略实施，各地区科技馆已经成为各级政府高度重视、公众广泛关注的重要科普文化基础设施。天津科技馆事业也正面临着进一步发展的转折阶段。因此，加强科技馆管理、建设的研究，进一步提高公众对科技馆工作重要意义的认识，研究和探讨加强科技馆建设的新思路、新措施，增强科技馆工作者的责任感，推动科技馆事业的健康、持续发展。

深入学习掌握科技馆建设规律

科技馆建设和发展有其自身规律和特点，由于我国科技馆建设起步较晚，目前对科技馆理论和实践的研究还不够深入，需要深入学习掌握世界上发达国家科技馆的建设规律和特点。在条件和时间允许情况下，应将业务考察与研讨培训相结合，不断加强科技馆理论研究，把我国的科技馆办成出具有世界眼光、符合我国和公众需求并具有地方特色的科技馆。

利用数字技术提升博物馆现代服务

于 颖

沈阳故宫博物院，副研究馆员。

一 利用数字技术提升博物馆社会效益

博物馆是社会主义科学文化教育事业的重要组成部分。它的一切活动都是围绕为社会经济、文化、科学和技术服务的，是社会教育中不可或缺的文化机构。博物馆既反映社会的发展，又服务于社会的需要。博物馆要做到想公众之所想，急公众之所急，满足公众的需求。它的一切活动，都应尽力做到使它所产生的效果对社会起到积极作用。

（一）数字技术与博物馆社会效益概念

1. 数字技术的含义

数字技术（Digital Technology），是一项与电子计算机相伴相生的科学技术，它是指借助一定的设备将各种信息，包括图、文、声、像等，转化为电子计算机能识别的二进制数字"0"和"1"后，进行运算、加工、存储、传送、传播、还原的技术。由于在运算、存储等环节中要借助计算机对信息进行编码、压缩、解码等，因此也称为数码技术、计算机数字技术等。数字技术也称数字控制技术。

2.博物馆的社会效益

博物馆的社会效益，即它对社会所产生的效果与利益，它包括社会的物质文明建设与精神文明建设的各个方面。关于博物馆社会效益的概念可以通过我国博物馆性质的三个方面加以分析。

第一，收集和保存珍贵的物质文化、精神文化遗存及重要的自然标本。博物馆是保护文物的专门机构，它把祖先遗留下来的具有历史价值、科学价值和艺术价值的东西收集和保存下来，完好无缺地传给子孙后代，这本身就是对社会的重要贡献。这些人类优秀的历史文化遗存被我们的博物馆妥善地保藏下来，它就会对社会产生效益。

第二，举办陈列展览，传播历史和科学文化知识。这是博物馆为广大人民群众服务，创造社会效益的主要手段。

第三，进行科学研究工作。博物馆具有科学研究机构的性质，科学研究是博物馆日常工作的一个重要方面。博物馆通过科学研究对其社会效益的促进作用是显而易见的。

总之，博物馆的社会效益作为博物馆对社会所产生的效果与利益，是一项综合性指标，具有确定的内涵和比较广泛的外延。

（二）利用数字技术提升博物馆社会效益

1.数字技术推动博物馆知识传播

博物馆数字展示技术的出现，无疑给博物馆展览面貌带来了巨大的改变；或者说，博物馆展览形态被改变了；随着数字展示应用的成熟与深入，博物馆的知识展示与传播进入一个新的时代。近年来，全国各地博物馆展览中应用数字展示日趋普遍，特别是新建或扩建的展馆。现在，大家所重视、所关注的还是数字展示的感染力，通过数字展示改变了原有展览的形式，使展览手段更丰富，展览内容更生动。

2.打破垄断，促进博物馆与公众知识共享

博物馆利用数字技术把信息传递给公众，并利用网络平台等数字媒介传递给更多更广的人，实现了博物馆与公众的知识共享，打破了过去在文博界常见的资料封锁，同时也使不管是博物馆内部还是公众通过数字技术获取的信息更加丰富、全面。

博物馆作为公共文化设施，无论是陈列展览、社会教育还是学术研究，都应该加强与公众的互动交流，以公众的需求为导向。在新媒体时代，各博物馆也有了相对稳定的忠实爱好者和粉丝群，网站、导览系统、微博、微信等社交平台普遍具有传播迅捷、时空无限、实时互动等

特点，博物馆与社会公众的信息交流已经不再是单向直线式传播，而是多级互动式传播。为了解观众的年龄层、教育背景、职业类型、行为喜好以及建言献策等多方面数据都能充分利用数字技术进行统筹整合，通过认真有效地分析和评估这些数据，可以有针对性的提供多元化的个性服务，改善博物馆公共服务质量的同也促进了博物馆与社会公众的知识共享。

二 数字技术在沈阳故宫展馆中的应用

沈阳故宫博物院以独特的建筑艺术、丰富的清宫艺术品收藏及厚重的民族精神内涵，成为古代中国灿烂文明和中国文化记忆的一个重要组成部分。通过对文物内涵的研究、内容梳理及设计的结合，形成的基本陈列和展览，从不同的角度描写了一个王朝兴起的历史，叙述了一个民族进步的历程。这些历史文物经历了漫长岁月的洗礼，因其残缺带来种种悬念，因其岁月久远而沾染的沧桑，从而更加鲜活地讲述了过去，更直接地展示了文物所包含的精神和文化内涵。因而，在讲述中国近四百年的文化历史方面，沈阳故宫博物院是一部鲜活而生动、丰富而厚重的文化读本。

为加强古建筑及文物数字化保护工作，沈阳故宫博物院对建筑及精品文物本体进行信息化采集，包括文物360度数据采集、景区数字化展示、全息成像等方面进行整体提升。数字化保护方面计划收集建筑及文物信息，包括文物的元数据信息、多媒体信息等，展陈数字化展示方面计划利用全景拍摄技术以及虚拟现实技术，建立360度景区虚拟导览系统，这些工作为博物院进一步开展文物数字化保护工作打下了良好的基础。但是，在文物数字化保护方面仍处于起步阶段，存在许多问题，难以满足日益迫切的文物数字化保护的需要。

（一）沈阳故宫利用数字技术提升社会效益

当今世界，全球经济趋于一体化，普通民众的经济实力普遍得到增强，大多数民众不仅有闲暇时间也有经济能力投入文化消费之中。博物馆是重要的文化遗产收藏和展示机构，成为公众的消费点之一不可避免。2004年7月2日，沈阳故宫被联合国教科文组织列入世界文化遗产名录后，对自身的要求与服务就更加严格。而以人为本、关注人的生活和命运、重视游客提出的需求，正成为沈阳故宫文化新的思考点。

1. 拓宽展示空间，利用数字技术提升服务

沈阳故宫博物院所有展厅均为古建筑，展厅地面为灰砖铺设，许多古建筑内没有电源及采暖设施，冬季与夏季温差较大，展柜温湿度设备不完善。这也不利于游客参观游览。从2013年开始，故宫根据每个展厅的建筑结构分期分批将陈列室的室内地面进行重新铺设，并将展柜

更换为具有防盗、恒湿、恒温等功能的博物馆专业展柜，大大改善了文物展览环境。

沈阳故宫 2016 年重新改造的师善斋、协中斋，在为期三个月的工程后，室内展览线路由原来的 48 米增至 70 米，为博物馆增加了两处新的书画展专设展厅。不但展厅硬件有了多方面的提升，沈阳故宫利用古建筑，如西七间楼、东七间楼、銮驾库等多个展厅还加入了与时俱进的数字展览手段。西七间楼为"镂云裁月"雕刻展，在展厅的最后一部分，摆放着时代特色的全息成像系统，利用事先对文物的多角度全方位拍摄，投到影像中的文物会不同程度的旋转。以往公众参观博物馆很少能看到文物的底座等不易展示出的文物部位，现在通过全息成像技术解决了这一问题。而东七间楼的幻影成像是利用沈阳故宫"台上五宫"后宫生活区的场景，用成像技术再现三百多年前后宫生活的场景。

2．注重展览形式多样性，增加现代化数字影像博物馆

沈阳故宫院藏文物丰富，每年都会根据文物的特性来进行专题展览。如"沈阳故宫清代钟表展""宫苑撷珍院藏精品展""镂云裁月雕刻展"等，展览一经推出得到了游客的一致好评。不仅如此，为丰富展览及展品的多样性还与多个博物馆合作引进了数十个具有鲜明特色的展览，仅 2016 年就相继推出了"无锡博物院藏紫砂艺术展""新疆古代舞乐艺术展""蒙古族民族民俗文物精品展"等。

沈阳故宫是一座遗址性历史艺术博物馆，在妥善保护古建筑的前提下，恢复古建筑的历史使用功能，通过再现清代诸帝在此生活起居、处理政务的真实场景来增强博物馆的社会效益，是故宫在展览陈列中遇到的问题。鉴于此，沈阳故宫充分利用数字化展示技术具有的全面、生动、深入的内容展示特点进行开发建设，与实体文物展陈形成有机配合，以文物为载体、以文化为核心、以历史为舞台的数字多媒体展示时代，全面提升了沈阳故宫博物院的展示服务水平；在沈阳故宫增加了数字影像博物馆，填补了长期以来沈阳故宫没有数字化展厅的空白。该展馆可同时容纳 30 人的数字影像博物馆，具有影院级投影、音响设备，每个观看区具备震动特效。

沈阳故宫数字影像博物馆为沈阳故宫围绕自身历史文化资源开发原创数字化展示内容提供了一个综合性展示平台，在直接为游客带来新体验的同时，也将推动沈阳故宫开发更多的数字科普产品服务社会，不断扩大自身社会影响力，为展现沈阳故宫独具内涵的清早期文化搭建重要的传播平台。

不仅如此，沈阳故宫数字影像博物馆和独特题材的系列原创数字化内容产品将成为沈阳旅游市场的一个新亮点，凭借沈阳故宫在旅游市场的影响力，必将为今后沈阳旅游市场发展带来良性的促进作用。同时，其成果可以通过网络视频等形式进行广泛传播，更好地展现沈阳故宫

承载的"清早期文化"魅力、展现沈阳城市深厚的历史积淀。

数字影像博物馆的建设与数字化内容的开发，为沈阳故宫在继纪念品开发与精品展开发之后，找到了又一个更加具有活力的市场产品开发领域，从其大众科普的社会价值到市场盈利的经济价值都具有明显的比较优势，是文博单位探索发展文化创意产业，扩大经营性收入的良好实践探索，具有较好的示范意义。

3. 利用线上服务，让更多公众了解沈阳故宫

近年来，由于工作与生活节奏的加快，人们的休闲时间呈现出碎片化倾向。很多观众已不再满足于花大量时间在博物馆展厅欣赏珍贵的文物展品，而更多地想利用日常生活的间隙，随时随地欣赏，每次仅用几分钟，了解一两件文物藏品背后所蕴含的文化积淀，甚至想将一部分特别喜爱的文化信息加以提炼，融入自己的生活之中。在这种形势下，如何利用新媒体传播手段为公众提供短平快而又高质量的服务，推动事业发展的同时带来更好的社会效益，就成为沈阳故宫博物院钻研的课题之一。

2016年8月，沈阳故宫博物院官方网站推出了360度景区虚拟导览系统，真正做到了让公众足不出户游览景区。博物馆内一些比较传统的表现方式也越来越无法满足大部分客户对于展示方式的要求。在传统的表现方式中，多以平面展板和现场传统多媒体设备为主，展陈形式比较单一。360度全景展示是一种新兴的展示形式，它主要以网络为传播媒介，通过相机拍摄实地场景，在后期配套开发的软件中，将拍摄的实际影像还原为360度可观看的影像，可以最大程度地还原真实场景，同时经过压缩算法后体积较小，尤其适合互联网传播。

该项技术是通过利用360度全景拍摄、虚拟现实等高科技技术手段，为沈阳故宫博物院全面推动古建文物数字化保护建设、全面提升博物馆的科学管理水平打下基础。此次360度全景数字博物馆建设，是沈阳故宫延伸公众服务及展览教育和拓展覆盖面与功能的有益实践，对推动今后陈列展览数字化应用具有引领和示范意义。

4. 创建儿童体验馆，丰富社会服务形式

儿童是祖国的明天，是弘扬和传承历史文化的力量之源。习近平总书记在人民大会堂出席纪念孔子诞辰2565周年国际学术研讨会暨国际儒学联合会第五届会员大会开幕会时强调，"从延续民族文化血脉中开拓前进，我们才能做好今天的事业"。2015年六一前夕，习近平总书记在北京市海淀区民族小学视察时强调，要从小积极培育和践行社会主义核心价值观。文化传承是个大课题，影响着国家的走向，决定着民族的未来，是摆在每一个中国人面前的教育命题、群体命题和时代命题。

为丰富展陈手段、弘扬民族文化，沈阳故宫结合自身实际，建设了东北首家儿童体验馆，

开展特色儿童体验专区，把沈阳故宫文化融入儿童游戏体验活动中，使少年儿童在娱乐中体会到盛京满族文化的精髓。该展馆体验内容丰富多彩，以满族文化中"衣、食、住、行、礼仪、语言、歌舞"等分类划分儿童的游戏互动项目，从而使展区富有满族民俗生活的浓郁气息。培养儿童对满族文化艺术的喜爱之情，增强孩子的民族自豪感，使他们在古建筑中通过高科技领略历史与文化的知识。

儿童体验馆是以满族文化中"衣、食、住、行、礼仪、语言、歌舞"等分类划分儿童的游戏互动项目，从而使展区富有满族民俗生活的浓郁气息。通过硬件和软件的结合，可实现DIY手工、冷烘焙制作、动画片欣赏学习、机械礼仪人偶互动、榫卯结构建筑游戏、微缩乐器试玩等体验功能。

（二）沈阳故宫数字化展示仍存在一定难题

1. 数字展示区使参观线路造成栓塞

随着时代发展和生活水平的提高，参观游览博物馆的公众也日渐增多，尤其在节假日期间人口密度突然增大，往往会产生安全隐患。一些遗址类博物馆，如沈阳故宫博物院在旅游旺季黄金周期间，常常是超负荷运营。沈阳故宫占地6万多平方米，有建筑100余所，500余间。2015年10月3日当天接待观众27212人，达到了建院史上的最高峰，这对文物保护和安全管理工作带来了巨大压力。

2. 数字展示内容仍需创新

沈阳故宫博物院的数字展示，仅仅是展示方式的丰富或改变，比如东七间楼的"清前历史陈列展"，虽加入了"幻影成像"的展出手段，但没有真正意义上地实现高科技的展览效果，也就是没有在"阐释""解读"上有所作为，而承担"阐释""解读"，其实正是数字展示最具优势的地方，也是使博物馆与公众交流，提示社会效益的必然手段。

3. 与公众缺少深层互动

虽然沈阳故宫博物院在运用"科技"手段提高展览模式带来了不俗的社会效益，但与观众的沟通还是缺乏主动性。不论是原状陈列展览还是"现代化"展览，观众都是以被动的状态在参观游览。如何让公众参观由被动变主动也是沈阳故宫博物院亟待解决的问题之一。

三 结　语

沈阳故宫利用数字技术提升展览形式，增加展览内容，带来较好的经济效益，同时也提升社会效益。数字化展示从展陈内容构建上可以"再造故宫"，为社会展现一个更多文化视角、更大历史纵深的新故宫，从而可以奠定一个重游故宫、常换新颜的内容基础；从展示形式上可以满足未来以"80后""90后"为主，具有更好教育背景、更宽文化视野、更高艺术品位和更强交互体验需求的受众是沈阳故宫博物院面向未来、保持发展的长远举措。从传播模式上看，数字化内容可以更好地借助PC互联网、移动互联网以各种富媒体形式，与公众进行更加广泛的交流，使博物馆收藏的历史和文化得以更好的传播。因此，数字化博物馆一定会为沈阳故宫博物院打开更为广阔的社会服务发展空间。

《沈阳故宫博物院院刊》征稿启事

　　《沈阳故宫博物院院刊》是以学术研究、学术推广为宗旨的专业性刊物，除涵盖沈阳故宫博物院各项研究内容外，亦广泛吸收院外与清史、清宫史、满族历史和文化相关的学术性文章。目前《沈阳故宫博物院院刊》已被正式纳入"中国学术期刊网络出版社总库"，成为"中国知网"大家庭中的一员，且被美国国家图书馆征集收藏。

　　《沈阳故宫博物院院刊》征稿范围包括：清前史、清史、清宫史、满族历史文化、清宫文物、明清历史、艺术品文物、东北地方史、盛京城及其历史文化、博物馆学等方面。

　　欢迎您惠赐稿件，文稿一经采用，将在四个月内通过电子邮件与您联络，并在费用结算后按国家相关出版规定支付稿酬，且本院保留有该文的其他使用权。

投稿方式

电子邮箱：sygg2014@126.com；85888770@qq.com

联 系 人：黄　嘉

附：沈阳故宫博物院院刊投稿相关要求

　　1. 主题鲜明、立论新颖；文章要有新史料或新观点；强调原创性，未公开发表；保证学术观点的严肃性与准确性；严禁抄袭，后果自负。

　　2. 格式要求（word文档格式）：

　　（1）文章题目：宋体，2号字加粗居中；副标题，宋体，3号字右对齐；

　　（2）作者姓名、单位、职称：仿宋体，小4号字，居中；

　　（3）作者之下为内容提要和关键词：仿宋体，5号字，内容提要为200字左右为宜；关键词为2至5个，每个关键词之间空两格不加标点；

　　（4）正文：宋体，5号字，标准字符间距，单倍行距；

　　（5）一级标题：宋体，4号字，加粗，居中；二级标题：宋体，小4号字，加粗，左对齐；三级标题：宋体，5号字，加粗，左对齐；

　　（6）注释：页下注自动排序，宋体，小五号，注释序号用①、②、③……标识，每页单独排序。

　　3. 字数及图片要求：文稿字数以5千至8千字为宜；文章插图尽量不超过10幅，图片采用jpg格式，大小应不低于2MB，附独立文件夹并应保证图片清晰。